KB013225

일생에 한번은
고수를 만나라

일생에 한번은
고수를 만나라

한근태 지음

경지에 오른 사람들,
그들이 사는 법

미래의창

작년 모 금융회사로부터 특별한 제안을 받았다. 회사 전체 본부
장을 대상으로 매달 북클럽을 하려고 하는데 그걸 진행해 줄 수
있냐는 것이다. 그런데 아직 초기단계라 정해진 건 없고 의사결
정권자인 부회장님을 만난 후 결정하자는 것이다. 마다할 이유
가 없었다. 난 그 동안 작은 규모로는 꽤 많은 북클럽, 독서토론
회를 지도한 경험이 있어 그쪽으로는 자신이 있었다. 당일 부회
장을 만났는데 첫인상이 범상치 않았다. 큰 키에 캐주얼한 복장
에 인상도 밝고 말하는 것도 일반 회사 대표와는 많이 달랐다.
한국에도 이런 스타일의 경영자가 있다는 사실이 신기했다. 강
력한 첫 인상이었다. 인사를 나누고 몇 마디 얘기를 나누다 내가

먼저 질문을 던졌다. "정말 젊고 밝고 건강해 보이시는데 비결이 뭔가요?" 답변 대신 빙긋이 웃으면서 자기 방으로 나를 안내했다. 직원들 말로는 외부인에게 이 방을 오픈한 적은 거의 없다고 한다.

놀랍게도, 방은 집무실이라기보다 헬스장에 가까웠다. 철봉, 헬스장용 벤치, 무게 별 웨이트 …… 모든 운동시설이 완벽하게 갖춰져 있었다. 세상에 이 정도면 프로에 가까웠다. 나도 《몸이 먼저다》란 책의 저자라는 사실을 알리면서 자연스럽게 운동을 소재로 얘기를 나누게 됐다. 하지만 솔직히 말해, 운동에 관한 한 난 그와 게임이 되지 않았다. 결론부터 얘기하면 그는 매일 운동을 한다. 하루도 빠짐없이 운동을 한 지 20년이 훨씬 넘었다. 아침에 일어나도 108배를 하니까 운동의 강도와 빈도에서 타의 추종을 불허한다. 그래서인지 환갑 가까운 나이지만 40대 초반으로밖에 보이지 않았다. 또 다른 하나는 책상위에 가득한 책들이다. 운동 다음에는 최근 읽은 책과 독서가 대화 주제가 됐다. 얘기를 들어보니 독서가 직업인 나 이상으로 책을 읽고 있었다.

자연스럽게 그가 구상하는 북클럽 얘기를 듣게 됐는데 대충의 내용은 이렇다. "우리 회사는 지난 몇 년 간 이 업계에서 혁신적인 방식으로 엄청 성장을 했습니다. 거의 꼴찌에서 현재는 업계 3~4위까지 올라왔는데 최근 정체를 겪고 있습니다. 당시에는 혁신적인 방식이었지만 경쟁자들이 쫓아하면서 지금은 차별화가 안 되고 있습니다. 한 마디로 약발이 떨어진 것이지요. 이렇게 정체된 분위기를 어떻게 돌파할까 고민하다가 내린 결론은 독서입니다. 독서 외에는 방법이 없다고 생각하게 됐습니다. 하루 아침에 뭔가를 바꾸는 방법은 존재하지 않고 회사의 핵심인 200여 명의 본부장들에게 매달 책 한권을 읽게 하자고 생각했습니다. 그런데 각자 책을 읽어서는 소용이 없고 누군가 독서토론회를 진행하면서 이들에게 책 읽는 즐거움과 깨달음을 줄 수 있으면 좋겠다고 생각했습니다. 하지만 이 일은 아무나 할 수 없을 것 같아 모든 정보망을 동원해 한박사님을 찾았습니다. 오늘 보니 적임자란 느낌이 들었습니다. 저와 함께 우리 회사 본부장들의 북클럽을 진행해 주시죠." 마다할 이유가 없었다. 간만에 중원의 고수를 만난 것도 기쁜 일이고, 그 동안 장기적으로 북클럽을 운영하면서 일어나는 변화도 보고 싶었는데 둘 다 가능했기 때문이다.

그 날 이후 200여 명의 본부장을 대상으로 북클럽을 진행하고 있다. 점차 업무가 늘어나 업무실장, 본사직원까지 업무가 확대됐다. 이후 그 조직에는 엄청난 변화가 일어나고 있다. 북클럽 전용 밴까지 사서 팀으로 움직이고 있는데 힘은 들지만 보람이 있다. 매달 부회장님을 만나 저녁을 함께 하며 피드백도 주고받고 운영방식에도 변화를 주고 있다.

내가 생각하는 만남은 눈뜸이다. 나와 부회장은 만나서 서로에게 눈을 떴고, 의기투합해 남들이 하지 않는 북클럽을 운영하고 있다. 내가 본 부회장은 자기계발의 끝판왕이다. 거의 프로수준으로 책을 읽고 운동을 한다. 옷도 거의 패션모델 수준이다. 말도 기막히게 잘 하고, 글도 보통 잘 쓰는 게 아니다. 본부장들이 여러 가지로 자극을 안 받을 수 없다. 그런데 그 북클럽에서 선정한 첫 책이 바로《일생에 한번은 고수를 만나라》이다.

이 책은 수많은 고수들을 만나 그들이 가진 습관이나 태도의 공통점에 관해 쓴 책이다. 2013년 썼고 바로 베스트셀러가 됐다. 당시 나는 삶의 또 다른 변곡점에 있었다. 저자로, 강사로 활동하다가 모 대학원대학 교수로 들어가 8년간 일을 했는데 내가 생각하던 대학과는 너무 달랐다. 남들은 부러워하는 교수지만 난 별로 만족스럽지 못했다. 우선, 너무 많은 시간을 요구했다. 교수회의, 논문지도, 졸업식과 입학식 등 각종 행사가 너무 많았다. 배울 것도 별로 없었다. 그래도 최고경영자를 대상으로 한 AMP 과정 주임교수를 한 것이 교수를 하면서 받은 가장 큰 복이다. 5년간 10기까지 운영하면서 거의 700여 명의 CEO를 알게 되었고 이들과의 만남 덕분에 이 책을 쓸 수 있었다. 어떤 사람들이 고수인지를 지근거리에서 보면서 이 책을 구상할 수 있었다.

책이 사람을 변화시키는 건 아니란 생각이다. 변화하려는 사람들이 딱 맞는 책을 읽을 때 변화는 일어난다. 가장 쉽게 변화시킬 수 있는 건 생활 시간대를 변화시키는 것이다. 올빼미로 살다 새벽형으로 사는 것이 대표적이다. 다음은 사는 곳의 변화 혹은 하는 일의 변화이다. 무엇보다 변화를 위해 가장 바꿔야 할 건 만나는 사람의 변화다. 누구를 주로 만나느냐가 그 사람의 인생을 바꾸는 것이다. 《데이터는 어떻게 삶의 무기가 되는가?》란 책을 보면 자녀교육에서 가장 중요한 것은 어느 동네에서 사느냐는 것이다. 맹모삼천지교가 괜히 나온 말이 아닌 것이다. 그런

데 이게 교육에만 해당하지는 않는다. 성인들의 성장과 발전에도 크게 영향을 끼친다고 생각한다. 유유상종인 것이다. 친구를 보거나 그가 자주 만나는 사람을 보면 그 사람이 어떤 사람인지 알 수 있다는 것이다.

불우이웃의 불우^{不遇}는 만나지 못한 사람이란 뜻이다. 만나지 못한 사람이 불우하다는 것이다. 근데 무엇을 만나지 못했다는 것일까? 제대로 된 사람을 만나지 못하고, 그래서 좋은 기회를 만나지 못한 사람을 불우한 사람으로 생각했던 것이다. 그러니까 방법은 만나는 것이다. 제대로 된 고수를 만나는 것이다. 다른 사람은 모르겠는데 나는 그렇다. 공학박사 출신인 내가 어떻게 지금의 일을 하게 됐을까? 난 지금 같은 직업을 꿈조차 꾼 적이 없다. 이런 직업이 있는 줄도 몰랐다. 가장 큰 건 책이다. 책소개하는 직업 덕분에 읽은 수많은 책의 영향을 많이 받았다. 다음은 학교나 직장이나 사회에서 만난 사람들이다. 그 사람들을 보면서 어떨 때는 저 사람처럼 살고 싶다고 생각했고, 어떨 때는 저 사람처럼은 살지 말자고 결심했다. 그런 것들이 쌓이면서 조금씩 나라는 인간이 만들어진 것 같다. 일생에 한번은 고수를 만나 여러분에게 좋은 변화가 일어났으면 하는 바램이다. 이 책의

10주년을 맞아 업그레이드하는 서문을 쓰면서 이제는 내가 고수를 만나는 것도 중요하지만, 내가 그런 사람이 되면 어떨까 하는 생각도 해본다. 부디 이 책이 여러분의 삶을 건강하게 흔들어주었으면 하는 바램이다.

2023년 5월,

한근태

차례

2장 | 고수, 그들의 방식

3장 ∥ 고수의 자기 관리

1장

고수로 가는 길

일단 시작한다

'중국어 배우기'는 매년 결심 사항이지만 몇 년째 지키지 못하고 있다. 학원까지 발을 옮기지 못한다. 차일피일 미루고 있는데 지금처럼 하면 죽는 날까지 못할 것 같다. 헬스장에서 개인 교습 받기도 비슷한 항목이었다. 그런데 변화가 생겼다. 처남의 강력한 권유 때문에 아내한테 끌려갈 수밖에 없었다. 결심만 하고 실천을 못한 건 '너무 비싼 거 아니야? 그만한 가치가 있을까? 귀찮아' 같은 속마음이 있었기 때문이었다. 근데 의외였다. 재미도 있고 배울 게 많았다. 새로운 것에 대한 호기심과 운동을 하면서 일어나는 변화 때문에 계속 하고 있다. 찾아간 헬스장 입구에는 이렇게 쓰여 있다. "여기까지 오는 게 가장 힘듭니다. 여기 오셨

으니 이미 당신은 성공한 겁니다." 옳은 말이다.

고수들은 시작을 잘 하는 사람들이다. '지금, 그럼에도 불구하고' 시작할 수 있는 사람들이다.

나는 사람들을 만날 때마다 글쓰기의 중요성을 강조한다. 글을 쓰면 전문성이 키워지고, 심심하지 않고, 호기심의 촉을 날카롭게 할 수 있고, 이름도 알릴 수 있고, 돈도 벌 수 있고 …… 등등 하면서 떠든다. 무엇보다 현직에 있을 때, 잘 나갈 때 써야 한다고 강조한다. 그 자리에서는 대부분 동의하지만 실천하는 사람은 거의 없다. 다들 중요하다는 것은 알지만 쉽게 결심하지 못한다. 그들은 언젠가 글을 쓸 한가한 시간과 여유가 올 걸로 생각한다. 나는 동의하지 않는다. 그런 날은 영원히 오지 않을 것이다. 나중에 할 거면 지금 해야 한다. 지금 하지 않으면 나중도 없고 나중은 오지 않는다.

비행기는 날아오를 때 80퍼센트의 연료를 소비한다. 하지만 일단 날아오르면 그렇게 많은 연료가 필요하지 않다. 매일 생각만 하면서 아무것도 하지 않는 사람이 있다. 그런 사람에겐 변화는 오지 않는다. 우선 저질러야 한다. 다소 준비가 미흡해도 행동으로 옮겨야 한다. 스카이다이빙은 하기 전에는 두렵지만 막상 뛰어내리면 두려움은 사라진다. "행동이 자신감을 회복시킨다. 행동하지 않는 것은 두려움의 결과이자 원인이다. 행동이 성공을 보장한다. 어떤 행동이든 하는 것이 하지 않는 것보다는 낫다." '긍정적 사고'의 창시자로 알려진 노만 빈센트 필의 말이다.

글을 쓰는 것도 그렇다. 사람들은 영감이 떠오르길 기다린다. 그런 날은 영원히 오지 않는다. 일단 시작해야 한다. 글을 쓰다 보면 영감이 떠오른다. 영감이 떠올라 글을 쓰는 것이 아니라 쓰다 보면 영감이 떠오른다. 그게 순서다. 생각만으로는 아무것도 할 수 없다. 좋은 생각이 떠올랐다 해도 써보지 않으면 어떻게 될지 모른다. 논문 지도를 할 때도 난 이렇게 얘기한다. "어느 정도 자료 조사를 했으면 우선 쓰도록 하라. 아무리 많은 자료를 조사해도 그것만으로 논문이 완성되지는 않는다. 일단 써야 한다."

글은 시상이 떠올랐을 때 쓰는 것이 아니다. 노동자처럼, 기계적으로 써야 한다. 소설가 야마다 도모히코는 은행원으로 일하면서 집필 활동을 했다. 그 역시 기계적인 글쓰기를 강조했다. 휴가를 이용하지 않았다. 휴가 기간 중 여유롭게 글쓰기에 몰입할 수 있을 것 같지만 그렇지 않다는 것이다. 오히려 쉴 때는 푹 쉬고 일상 중에 집필을 위한 시간을 짜냈다. 훌륭한 소설가들은 대체로 다작을 했고 맹목적이고 기계적으로 글을 썼다. 감흥이 생겨서 글을 쓰는 것이 아니라 글을 쓰다 보면 감흥이 생긴다.

영감은 일에 몰두할 때 일어난다. 일은 초기 구상과는 늘 달라지게 마련이다. 휴식을 취하고 있을 때 정신없이 일할 때와 같은 영감을 얻기란 어렵다. 중요한 것은 미루지 말아야 한다. 컨디션이 좋지 않다느니, 마음이 내키지 않는다느니 하는 핑계를 대지 말고 매일 일정한 시간을 정해 두고 일해야 한다. "뭔가 행동하고 실천할 때 영감이 떠오릅니다. 가장 좋은 아이디어는 모두 작업하는 과정에서 나옵니다. 작품을 만드는 과정에 많은 일이 일어납니다. 가만히 앉아서 위대한 창작 아이디어가 떠오르기를 기다린다면 무척 오랫동안 그렇게 앉아 있어야 할 겁니다. 반대로, 묵묵히 작업을 하다 보면 그 과정에서 생각도 떠오르고 일도 벌어집니다. 사람들은 작업을 본격적으로 시작하기 전에 뭔가 그럴싸한 멋진 아이디어가 있어야 할 것 같다는 생각을 합니다. 그러나 작품 대부분은 그런 식으로 나오지 않습니다." 사진작가 척 클로스의 말이다.

"무엇보다 과감한 시작이 중요합니다. 책상 앞에 앉아 이제부터 일하겠다는 마음을 먹는 것이 가장 중요하고 어렵습니다. 한번 펜을 들어 첫 글자를 쓴다든가, 괭이를 들어 밭을 한번 내리치면 그때부터 일은 수월하게 풀려나갑니다. 그런데 사람들은 준비만 하면서 여간해서는 시작하지 않는데 그 안에 게으름이 숨어 있지요. 그렇게 우물쭈물하다가 마감이 다가오면 이번에는 시간이 모자라 초조해하면서 정신뿐 아니라 육체까지 병들게 됩니다. 그리고 그것으로 일은 또 방해를 받습니다." 스위스의 생활 사상가, 카를 힐티의 말이다. 결심만 하지 말고 일단 시작하라. 그게 고수가 되는 출발선이다.

밥그릇을 걸어야 한다

학교 선생과 학원 선생 중 누가 더 치열하게 공부할까? 확률적으로 볼 때 학원 선생이다. 그들은 매달 평가를 받기 때문이다. 학생과 학부모들이 만족하지 않는 순간 그들은 아웃이다. 삶이 치열하다. 노력하지 않으면 살아남지 못한다.

하지만 학교 선생은 다르다. 평가를 거부한다. 감히 누가 선생을 평가하느냐고 신경질적인 반응을 보인다. 임용고시를 칠 때까지는 치열하게 공부하지만 선생이 되는 순간 노력의 끈을 놓는다. 별다른 노력 없이도 60세까지 갈 수 있다고 믿기 때문이다. 박사도 그렇다. 하수들은 학위를 받을 때까지는 열심히 공부하다가 받는 순간부터 논다. 반면 고수들은 학위를 받은 이후에 더욱 노력한다. 박사라는 것이 대단한 것이 아니란 사실을 알기 때문이다. 그들은 박사학위를 이제 진짜 공부를 시작하라는 자격증 정도로 생각한다.

고수는 경쟁을 통해 탄생한다. 혼자서 100미터를 달리면 신기록 세우기가 어렵다. 같이 뛰기 때문에 더 잘 뛴다. 고수가 되기 위해서는 라이벌이 있어야 한다. 천적도 필요하다. 살아남기 위해 애를 쓰다 보니 고수가 되는 것이다. 그렇게 애쓸 필요가 없는 사람은 고수가 될 확률이 적다. 경쟁이 적은 직업이 그러하다.

난 8년간 교수를 하고 그만두었다. 나하고 맞지 않고 별로 배울 게 없다고 판단해서 내린 결정이다. 교수들 중에는 경쟁력이 없는 사람들이 정말 많다. 그들에게 학점을 주고 졸업 권한을 빼앗고 오디션처럼 냉정하게 평가한다면 과연 몇 명이나 살아남을까? 별로 없다. 공무원을 일반 기업처럼 매년 심사해 떨어뜨린다면 몇 명이나 생존할 수 있을까? 공직 사회가 확 달라질 것이다. 빵 중에 가장 맛있는 빵은 '안전빵'이다. 그만큼 사람들은 안정을 추구한다. 그래서 '공公'자 들어간 직장을 최고로 친다. 신의 직장이라며 부러워한다. 일하는 것보다 돈을 많이 주는 직장, 대충 일해도 짤릴 염려가 없는 직장, 들어가긴 어렵지만 들어가는 순간 평생이 보장되는 직장으로 사람들은 몰린다. 하지만 이런 곳에서는 고수가 탄생할 가능성이 희박하다. 이런 곳은 장기적으로 보자면 신의 직장이 아니라 신이 저주한 직장이 될 가능성이 높다.

세계적인 언론인 바바라 월터스는 어떻게 이렇게 성공했느냐는 질문을 많이 받았다. 바바라는 이렇게 답했다. "제 직업이 부러우세요? 그럼 내 인생과 당신 인생을 통째로 바꿀까요? 전 소녀 가장이었습니다. 아버지는 파산하고, 무능력한 엄마와 장애를 가진 언니를 제가 먹여 살려야 했습니다. 하는 일은 맘에 들지 않았지만 밥벌이가 절실해 버티다 보니 여기까지 왔습니다." 한 마디로 먹고 사는 문제 때문에 할 수 없이 일을 했고 그러다 보니 지금의 성공을 거두었다는 말이다. 탤런트 윤여정도 비슷하다. "언제 제일 연기가 잘 됩니까"라는 질문에 그녀는 "생계가 달려 있을 때 제일 잘 됩니다"라고 답했다. 나는 깊이 동의했다.

고수가 되기 위해서는 밥그릇을 걸어야 한다. 하는 일에 올인해야 한다. 이 일에서 실패하면 밥을 굶을 수도 있다는 절실함이 있어야 한다. 여러분은 어떤가? 안정된 직장에서 별다른 고민 없이 하루하루를 지내는가? 그러면 고수가 되기 어렵다. 생계에

위협을 느끼는가? 하루하루 절실하게 일하는가? 지금은 힘들어도 조만간 고수가 될 확률이 높다.

좋아하는 일을 하면서 살라고 충고하지만 그런 일을 찾기는 쉽지 않다. 살림이 넉넉한 사람은 몇 번 하다 집어치운다. 반면 생계가 달려 있는 사람은 싫어도 생계 때문에 그 일에 매달린다. 그러다 보면 뜻하지 않게 능력을 발휘하고 성과를 내고 그 과정에서 그 일에 취미를 붙일 수 있다. 그러면서 고수가 된다. 치열하게 일할 수 있어야 한다. 회사 안에서도 계약직처럼, 외주업체 직원처럼 일해야 한다. 하루하루 먹고 사는 문제에 긴장을 느껴야 한다. 스트레스와 압력은 필수적이다. 해도 그만 안 해도 그만인 상태에서는 절대 고수가 될 수 없다.

"두 개의 화살을 갖지 마라. 두 번째 화살이 있으면 첫 번째 화살에 집중하지 않는다. 가장 무서운 것은 술에 취하는 것과 현 상황에 안주하는 것이다." 교토 상인들의 계명이다.

고수는 혼자 힘으로 살아남을 수 있어야 한다. 조직의 힘을 빌리지 않고 자기 능력으로 밥벌이를 할 수 있어야 한다. 쉽지 않다. 대부분은 조직의 힘으로 살아간다. 조직 안에서는 폼을 잡지만 조직을 떠나는 순간 아무것도 아닌 경우가 많다. 대부분 개인기보다는 조직의 후광 덕분에 버텨 온 사람들이다. 그렇기 때문에 이게 내 실력 덕분인지 조직의 실력 덕분인지를 늘 질문해야 한다. 이를 냉정하게 구분할 수 있어야 한다. 처음에는 조직의 힘으로 살았더라도 시간이 지나면서 홀로서기를 할 수 있어야 한다. 고수들은 혼자서도 너끈히 먹고살 수 있는 사람이다. 그리고 그 힘은 자신의 생계를 걸어 본 절실함에서 나온다.

축적해야 돌파한다

고수는 다작하는 경우가 많다. 많이 아이디어를 내고, 많이 쓰고, 많이 그림을 그리고, 많이 발명하고 …… 이런 사람들이 고수다. 처음에는 고수가 아니었지만 그런 과정을 통해 고수로 성장한다. 10년에 한 번씩 책을 내겠다는 분의 책을 본 적이 있다. 내공이 제법 있는 분인데 10년 만에 나온 책에 별다른 내용이 없어 놀란 적이 있다. 엄청 달라진 모습을 기대했던 나는 실망했다. 왜 그럴까? 지식의 변화 속도에 비해 지식의 생산 속도가 너무 느린 것은 아닐까? 지식이란 것은 머릿속에서 움직이는 것만큼 손과 발이 부지런해야 그만큼 품질이 향상되는 것이다. 수술도 그렇다. 수술을 많이 한 사람이 고수가 될 가능성이 높다. 논문도 마찬가지다. 누가 가장 혁신적인 논문을 썼는지 알려면 관련 분야에서 논문을 많이 쓴 사람을 찾아보면 된다. 1954년 노벨 화학상, 1962년에는 노벨 평화상을 수상한 화학자 라이너스 폴링은 이렇게 얘기한다. "좋은 아이디어를 얻는 최고의 방법은 가능한 한 많은 아이디어를 확보하는 것이다."

다작이 중요하다. 다작을 해야 그 과정에서 많이 공부하고, 많이 배우고, 실수하면서 다듬어지고 실력도 쌓인다. 바로 양질전환量質轉換의 원리다. 지식 발전의 형태는 선형적이 아니라 퀀텀식이다. 직선으로 조금씩 나아지는 것이 아니라 별 발전이 없는 것처럼 보이다 어느 순간 폭발적으로 늘어난다. 모든 게 그렇다. 기타를 치는 것도, 운동하는 것도, 책을 읽고 쓰는 것도 그렇다. 피카소는 2만 점이 넘는 작품, 아인슈타인은 240편의 논문, 바흐는 매주 한 편씩 칸타타를 작곡했고, 에디슨은 무려 1,039개의 특허를 신청했다. 그렇기 때문에 고수들은 좋은 작품 못지않게 형편없는 작품도 많이 만들었다.

나는 책과 관련된 일을 많이 한다. 많이 읽고 많이 쓴다. 이를 바탕으로 언론에 서평을 쓰기도 하고, 몇몇 회사와는 독서 토론회를 진행하기도 한다. 삼성경제연구소에서는 20년째 북리뷰

코너를 맡고 있다. 매달 몇 권씩 책을 읽고 요약해 CEO들이 책의 내용을 쉽게 이해하도록 돕는 것이다. 좋은 책 1권을 소개하려면 대략 그 10배는 읽어야 한다. 10권을 읽으면 적당한 책 한 권을 건지는 정도다. 처음에는 이게 무척 고통스러웠다. 읽는 것도, 요약하는 것도 쉽지 않았다. 근데 어느 순간 내 자신이 업그레이드 된 것을 느낀다. 책을 보는 안목도 좋아졌고, 빨리 읽고 정확하게 이해한다. 다작 덕분에 일정 경지에 올랐다는 것을 조금은 느낀다.

히사이시 조는 일본 최고의 작곡가다. 그는 1984년부터 40개가 넘는 영화음악을 맡았고 17개가 넘는 솔로앨범을 발표했다. 2005년 〈웰컴투 동막골〉로 대한민국 영화대상 음악상을 수상하기도 했다. 그 역시 지식의 축적을 강조한다.

"창조력에서 가장 중요한 것은 얼마나 많이 보고, 듣고, 읽었느냐이다. 지식과 경험의 축적이다. 창조는 축적의 결과물이다. 작곡을 위해서는 논리적 사고와 감각적 직감이 모두 필요하다. 감성의 95퍼센트는 이런 축적의 결과물이다. 실제 곡을 만들 때는 과거의 경험과 지식, 지금까지 들은 음악, 작곡가로서 체득한 방법, 사고방식 등 모든 것이 총동원된다. 여러 형태로 내 안에 축적된 것들이 있기 때문에 지금과 같은 창작 활동을 할 수 있다. 감성을 연마한다는 것은 결국 직감을 단련하는 것이고 직감을 위해서는 경험의 축적이 필요하다. 얼마나 많이 보고, 많이 듣고, 많이 읽었느냐가 관건이다. 지식과 경험이 가장 중요하다."

다니엘 레비틴Daniel Levitin은 '1만 시간의 법칙'을 통해 이런 사실을 정리했다. 어느 분야를 막론하고 진정한 고수가 되기 위해서는 필수적으로 1만 시간 이상이 축적되어야 한다는 주장이다. 이것은 대략 하루 세 시간, 일주일에 스무 시간 정도로 10년간 연습한 것과 같다. 그의 책에 나온 비틀즈의 사례가 인상적이다. 비틀즈는 함부르크로 떠나기 전에는 평범한 밴드였다. 하지만 함부르크 초청을 받은 후 달라졌다. 고향 리버풀에서는 하루에 고작 한 시간 정도를 연주했지만 함부르크에서는 하루 여덟 시간씩을 연주할 수 있었다. 그 시간에 여러 곡과 새로운 연주법을 시도할 수 있었다.

단순히 오래했다고 고수가 되는 것은 물론 아니다. 여기서 1만 시간은 단순히 시간 축적만을 뜻하지 않는다. 다양한 시도를 하고, 문제의식을 갖고 자신을 돌아보며, 마니아처럼 철저하게 빠져드는 상태가 얼마나 지속되는지가 관건이다. 그래야 어느 순간 능력이 폭발한다.

비틀즈는 1960년에서 1962년 사이에 다섯 차례나 함부르크에 다녀왔고 1년 반 동안 270일 밤을 연주했다. 처음 대박을 터뜨린 1964년까지 모두 1,200시간을 공연했다. 비틀즈를 집중 연구한 노먼은 이렇게 얘기한다. "함부르크에 가기 전까지 비틀즈의 연주는 그리 훌륭하지 않았습니다. 하지만 돌아왔을 때는 아주 달라졌지요. 지구력만 키운 게 아니라 수많은 곡을 익혔지요. 모든 버전의 노래, 로큰롤뿐 아니라 일부 재즈도 소화했습니다. 그들은 함부르크 연주 이후 차별화되기 시작했습니다."

이런 사례는 얼마든지 있다.《보랏빛 소가 온다》의 저자 세스고딘은 마케팅의 구루다. 그는 무려 100권이나 되는 책을 집필했다. 그 역시 다작의 중요성을 믿고 있다.

"나는 지금까지 책을 100권 이상 썼다. 물론 모든 책이 잘 나간 것은 아니다. 하지만 그 책들을 쓰지 않았다면 이번 책을 쓸 기회를 갖지 못했을 것이다. 피카소도 수천 점 이상의 그림을 그렸다. 그렇기 때문에 사람들은 피카소의 그림을 3개 이상 알고 있는 것이다." 한 분야에서 일가를 이룬 그가 한 말이다.

자기관리가 철저하다

메이저리그에 진출한 모 투수가 아직 담배를 피운다는 소리를 듣고 충격을 받았다. 프로선수가 담배를 피우는 건 프로답지 못하다고 생각하기 때문이다. 이건 소프라노 가수가 담배를 피우는 것과 별로 다를 게 없다. 모 연예인이 연예인 지망생을 성폭행했다는 혐의로 조사를 받는 걸 보면서도 프로답지 못하다는 생각이 들었다. 늦은 밤까지 술을 마시다 벌어진 일이다. 스타가 엉뚱한 사람들과 쓸데없이 늦은 시간까지 술을 마시면 뭔가 일이 날 확률이 높다. 진실 여부를 떠나 자기관리의 문제다. 노래를 잘 부르던 친구가 오디션 당일 목이 잠겨 노래를 못 부르는 것도 변명이 되지 않는다. 이유가 어쨌건 자기관리에 대한 책임은 자신이 져야 하기 때문이다.

고수들은 자기관리를 잘한다. 잘하는 정도가 아니라 철저하다. 자기 분야에 많이 투자하고 끊임없이 공부한다. 최상의 컨디션을 오래 유지하기 위해 다양한 방법을 강구한다. 쓸데없는 곳에 시간을 쓰지 않는다.

뉴욕 메트로폴리탄 오페라단에서 활약한 소프라노 신영옥은 자타가 공인하는 최고의 소프라노다. 그녀는 자기관리가 철저하다. 그녀의 얘기다.

"저는 지금도 보컬트레이닝을 받아요. 최상의 소리를 내기 위해서요. 하루만 노래를 부르지 않아도 제가 먼저 압니다. 제가 내야 할 완벽한 음이 나오지 않거든요. 제 방에는 아주 큰 거울이 있어요. 그 거울 앞에서 무대에서 신는 하이힐을 신고 매일 노래 연습을 합니다. 공연 무대, 호텔, 집. 이것이 제 삶의 공간 전부예요. 나도 친구들과 느긋하게 저녁을 먹고 싶지만 상상도 할 수 없는 일이죠. 그러려면 공기 나쁜 곳에 앉아 있어야 하는데, 목에는 치명적인 일이에요. 제 방은 습도와 청정도를 유지할 수 있지만, 레스토랑은 그렇지 않거든요. 그래서 아예 나서지 않습니다. 그리고 사람을 만나면 말을 해야 하잖아요. 저는 노래할 때 외에는 가능한 한 목을 쓰지 않습니다." 한 마디로 하루 24시간 어떻게 하면 노래를 잘 부를 수 있을까, 목을 보호할 수 있을까에 목숨을 걸고 있는 것이다.

한국 경마의 살아 있는 신화 박태종 기수도 자기관리가 철저한 선수다. 그는 1987년 데뷔해 30년 가까이 총 2,100승이 넘는 기록을 세웠다. 한국 경마 초유의 기록이다. 기수의 평균 승수가 200~300승 정도인 것을 생각하면 엄청난 기록이다.

키 150센티미터에 몸무게 46킬로그램으로, 경마 기수로서 가장 좋은 신체조건인 160센티미터, 52킬로그램에 비하면 불리한 조건이다. 이런 그의 몸에는 수많은 상처가 있다. 손가락과 발가락이 부러지는 건 아무것도 아니다. 목숨을 잃을 수도 있다. 그도 오른쪽 무릎인대가 끊어져 선수 생활을 접을 뻔한 적이 있었다. 지금도 쉴 틈이 없다. 매일 새벽 4시에 일어나 경주마와 훈련을 한 뒤에 남은 시간은 모두 체력 관리에 쏟는다.

그는 매주 자기보다 몸무게가 열 배 이상 나가는 경주마를 결승점에 통과시켜야 한다. 말과 하나가 되는 것을 목표로 연습에 연습을 거듭한다. 기수가 된 후에는 고교 동창회조차 나가본 적이 없다. 지난 25년간 한결같았다. 말에게 채찍질하듯 끊임없이 자신을 채찍질해 온 덕분에 그의 몸은 마흔여섯의 나이에도 경주마처럼 단단하다. 그는 항상 말과 같은 곳을 바라본다. 기수는 경쟁이 치열하다. 돈의 유혹도 끊이지 않는다. 그가 이 정도 위치에 오를 수 있던 것은 오로지 철저한 자기관리 덕분이다.

건국대 의대 송명근 교수는 심장수술의 1인자다. 1992년 11월 국내 최초로 심장이식 수술에 성공한 이후 초저체온 대동맥 수술, 심장과 신장 동시 이식, 대동맥 판형 성형술 등을 국내 최초로 성공시키면서 심장수술 분야의 신기록을 경신해 왔다. 부천 세종병원, 서울아산병원에서 근무하다 2007년 건국대 병원에 스카우트됐다. 심장수술용 대동맥 인공판막의 반값 정도밖에 안 되는 판막기능 보조장치인 특수제작링SS-ring을 개발해 돈도 많이 벌었다. 돼지 심장 수술한 것까지 합하면 시술 횟수가 1만 번이 넘었다. 심장이 훤히 보이기 때문에 별로 두렵지 않단다.

그도 자기관리가 철저하다. 손이 떨릴까 봐 수술 전에는 커피도 마시지 않는다. 걷기 운동을 많이 하고 손의 유연성을 위해 여러 종류의 공을 들고 팔과 손 운동을 한다.

"대낮에 복면을 쓰고 다른 사람 가슴에 칼을 꽂는 직업은 두 종류밖에 없어요. 흉부외과 의사와 강도지요. 근데 그런 흉부외과 의사가 수술 전날 술을 마시거나 잠을 충분히 자지 않고 들어오는 것은 용서받을 수 없는 일입니다. 무책임의 극치입니다.” 그가 한 말이다. 이런 그의 좌우명은 “정확한 판단, 치밀한 계획, 과감한 실천, 철저한 사후평가”이다.

내 직업은 철저하게 고객의 평가에 의해 움직인다. 고객이 좋은 평가를 해서 강의에 초청하고, 자문을 맡기고, 프로젝트를 주어야 밥을 먹는다. 내가 잘났다고 떠드는 것은 소용없는 일이다. 고객의 인정이 제일 우선이다. 그러려면 일관성이 있고 계속 성과를 낼 수 있어야 한다.

핵심은 자기관리다. 난 규칙적이고 담담하게 산다. 아주 심플하다. 사람을 많이 만나지 않는다. 무슨 모임 같은 곳에도 잘 가지 않는다. 복잡하게 얽히는 것을 싫어한다. 새벽에 일어나 차를 마시면서 글을 쓴다. 쓰다가 지치면 운동을 한다. 약속은 점심에 몰아서 하고 저녁 약속은 거의 하지 않는다. 담배는 오래전에 끊었고 술도 거의 마시지 않는다. 사람들은 무슨 재미로 사냐고 묻지만 단순하게 사는 재미, 무색무취한 재미도 제법 쏠쏠하다.

프로와 아마추어, 그리고 더 나아가 아마추어와 고수를 가르는 기준은 얼마나 스스로를 통제할 수 있는지의 여부다. 자신을 제어하는 정도가 고수와 하수를 결정한다. 당신은 어떠한가?

하이브리드의 시대

나는 공대를 나왔고 연구원으로 직장 생활을 시작했다. 미국에서 고분자공학으로 박사학위를 받았고 대기업에서 이른 나이에 임원을 했다. 별 경험 없이 매니저가 된 나는 많은 어려움을 겪으면서 경영에 대해 관심을 갖게 되었다. 40대 초반에 회사를 나와 컨설턴트로 방향을 선회했고 지금은 기업을 대상으로 자문하고 리더십 관련 강의를 하고 있다. 사람들은 이런 내 커리어에 호기심을 보인다. "어떻게 공대를 나와 컨설팅을 하느냐? 경력이 특이하다."

사실, 나도 이해할 수 없는 커리어다. 처음에는 공대를 나온 내가 이런 일을 할 수 있을까 의구심이 있었다. 지금은 아니다.

공대를 나왔고, 대기업 경험이 있기 때문에 훨씬 잘 할 수 있다는 생각이다. 한 우물만을 파는 것이 강점이 될 수도 있지만, 요즘 시대에는 이 우물 저 우물을 파는 것도 나만의 강점이 될 수 있다. 한 가지만 잘 하는 사람도 필요하지만 여러 일을 해본 사람이 잘 하는 일도 분명 있다. 그런 면에서 미래는 잡종강세의 시대가 될 것이다. 잡종이 고수가 될 가능성이 높다. 아니 의도적으로 잡종으로 사는 것도 나쁘지 않다.

모임도 그렇다. 순혈 모임보다는 잡종 모임에서 배울 게 많다. 명문대에서 학위를 받은 김 박사는 매년 연말이면 지도 교수를 모시고 제자 모임에 참석한다. 지도 교수는 그 방면의 권위자이고 그런 만큼 제자들 또한 연구소와 학교에 많이 진출해 있다. 그 분야에서 막강한 영향력을 행사하기 때문에 무슨무슨 사단으로 불릴 정도다. 공부하는 사람들이라 모여서도 공부에 대한 끈을 놓지 않는다. 부부 동반으로 모여 각자 자신의 연구 분야에 대해 발표도 하고 다른 사람들의 코멘트도 듣고 여흥도 즐긴다. 그렇게 의미 있는 모임이지만 해마다 참석자가 줄어 고민이다. 이유는 이렇다.

"무엇보다 배우자가 재미없어 합니다. 평소에도 매일 같은 얘기를 듣는데 1년에 한 번 모여서까지 그런 얘기를 듣느냐고 불평을 합니다. 게다가 비슷한 사람끼리 비슷한 주제로 얘기를 하니 자극도 없고 새로움이 없습니다. 그저 지도 교수 눈치 보느라 의무감에서 나오는 것이지요." 한 마디로 스파크가 튀는 설레임이 없다는 것이다. 그게 순혈 모임의 단점이다.

순종보다는 잡종이 강하다. 타이거 우즈가 그렇고 수퍼볼의 MVP 하인즈 워드가 그렇다. 자동차도 휘발유차보다는 휘발유와 전기를 다 사용할 수 있는 하이브리드 자동차가 인기를 얻고 있다. 개인도 한 가지만 잘 하는 사람보다는 멀티플레이어가 각광을 받는 시대가 되었다. 그렇다면 그런 하이브리드 인간이 되기 위해서는 무엇을 해야 할까?

첫째, 전공에 대한 집착을 버려야 한다. 우리는 고교 시절부터 문과와 이과를 구분한다. 무식한 행위다. 전 세계에서 이과와 문과를 고등학교 때부터 구분하는 나라는 한국과 일본뿐이다. 마치 이성적인 사람과 감성적인 사람을 구분해 따로 공부시키는 격이다. 전공이란 그저 자신을 알기 위한 출발점 정도로 삼으면 된다. 너무 전공에 연연하지 말아야 한다.

실제로 사회에 나와서 전공대로 사는 사람은 그렇게 많지 않다. 화공학을 했다고 평생 화공 관련 일로 밥을 먹을 필요는 없다. 화공학을 했다는 것은 화공학 관련 일로 사회생활을 시작할 가능성이 높다는 의미일 뿐이다. 오히려 화공학을 배경으로 새로운 일에 도전해 보겠다는 자세가 중요하다. 주어진 일에 열정을 갖고 최선을 다해 보겠다는 적극적인 자세가 더 중요하다. 가장 나쁜 것은 그런 공부 배경으로 자신에게 미리 한계를 정하는 것이다. 중국 최고의 명문 칭화대의 교육 이념 중 하나는 '문리삼투文理滲透'이다. 문과적인 것과 이과적인 것이 서로 반응하고 교감하는 인재를 키우겠다는 것이다.

둘째, 늘 주변에 관심을 가지면서 폭 넓은 시야를 갖도록 노력해야 한다. 깊게 파려면 넓게 파야 한다. 어떤 도료 회사와 함께 일할 때의 에피소드다. 그 회사의 영업 상무는 기술적 문제가 생기면 늘 술을 사는 것으로 문제를 덮으려 했다. 항상 하는 말은 "문과 출신인 제가 뭘 압니까?"라면서. 도료 회사 들어온 지 10년이 넘었지만 그는 아예 기술 쪽은 알려고 하지도 않았다. 참으로 딱한 사람이었다. 우리는 새로운 것에 늘 도전해야 한다. 문과생이니까 기술에 대해 모른다, 연구원이니까 연구만 잘 하면 되지 고객은 알아서 뭘 하느냐 같은 태도는 금물이다. 비록 연구소에 근무하지만 다른 분야의 사람들이 무슨 일을 하는지, 그들의 고민이 무언지를 알려고 해야 한다. 또 다른 분야의 책을 읽고 공부해야 한다. 세상 만물은 모두 연결되어 있다. 이것이

저것에 자극을 주고, 저것 때문에 이것이 움직인다. 위대한 발견이나 혁신은 늘 엉뚱한 곳에서 시작된다.

셋째, DNA가 다른 사람들의 모임에 적극적으로 참여해야 한다. 자동차 회사를 다닐 때는 세상 모든 사람들이 자동차를 팔아 밥을 먹는 걸로 생각했다. 하지만 컨설팅을 하면서 밥벌이 방법이 무척 다양하다는 사실을 깨달았다. 다양한 백그라운드를 가진 타업종 사람들과의 만남이 즐겁다는 사실도 알게 되었다. 다른 분야 사람들과 얘기를 나누다 보면 내가 하는 일에 관한 새로운 아이디어나 시상이 떠오르는 경우가 많다. 강점도 발견할 수 있다. 잡종 강세다. 다른 사람들과의 폭넓은 교류는 자기 발전의 필수 요소다. "지식 혁명은 다른 지식과의 만남을 통해 이루어진다." 피터 드러커의 말이다.

넷째, 평생학습을 해야 한다. 나름의 공부 방법을 익혀야 한다. 혼자서도 자신을 업그레이드 할 수 있어야 한다. 예전에는 '스카이' 대학을 나온 것, 고시에 붙은 것으로 평생을 우려먹었다. 하지만 더 이상 그럴 수는 없다. 그런 것은 젊을 때 머리가 쓸 만하고 똑똑하다는 것 정도를 말해 줄 뿐이다. 미래에는 끊임없이 학습하는 사람이 고수로 살아간다.

일, 사람, 책을 통해 학습이 이루어진다. 특히, 우리는 지금 자기 눈앞의 일을 통해 배워야 한다. 하수는 쓸데없이 가방끈을 길게 한다. 그리고 학교를 졸업하면 더 이상 학습하지 않으려 한다. 그래서 현장에서는 맹탕이라는 소리를 듣는다. 교수들 중에 일을 제대로 못하는 사람이 많은 이유도 여기에 있다. 고수는 현장을 통해 배운다. 나름의 학습 방법으로 끊임없이 공부한다. 새로운 시대의 문맹은 글자를 못 읽는 사람이 아니라, 공부하기를 중단한 사람 혹은 공부 방법을 모르는 사람이다.

대학에서 배운 알량한 지식으로 몇 년이나 버틸 수 있을까? 유효기간이 얼마나 될까? 기껏해야 3년이다. 미래의 지식노동자는 3년을 주기로 새로운 것에 도전해야 한다. 그렇지 않으면 도태될 수밖에 없다. 고수가 되기 위해서는 호기심을 갖고 새로운 일에 도전하고 일을 통해 배워야 한다. 평생 학습해야 한다. 늘 머릿속에서 화학반응이 일어나야 한다.

아리스토텔레스, 레오나르도 다빈치, 다산 정약용, 연암 박지원의 공통점은 무얼까? 여러 분야를 넘나든 사람이란 것이다. "가진 도구가 오로지 망치뿐인 사람에겐 모든 게 못으로 보인다"는 말이 있다. 무지한 전문가의 오류를 빗댄 말이다. 전문가는 자칫하면 시야가 좁아지기 쉽다. 자기의 좁은 시각으로 넓고 다양한 세상 문제를 해결하려 한다. 전문가의 저주^{curse of expert}라는 말이 이런 맥락에서 나왔다. 깊게 파려면 넓게 파야 한다. 한 분야의 고수가 되려면 다른 분야에 대해 많이 알아야 한다. 현재 우리가 만나는 문제 중에 간단한 것은 거의 없다. 그런 문제는 이미 다 해결했다. 남은 것은 모두 복잡한 문제뿐이다. 통섭의 접근법으로 문제를 해결해야 한다.

매일 다른 사람과 밥을 먹어라

나는 오하이오 주의 애크론Akron에서 공부를 했다. 1984년 처음 그 동네 갔을 때는 코리아를 설명하는 데 애를 많이 먹었다. 참 답답했다. 아무리 촌사람이지만 어떻게 한국을 모를 수 있을까? 그러다 뉴욕에 사는 친척집엘 갔더니 다들 한국에 대해 훤히 알고 있었다. 동양인이 워낙 많아 낯설어하지 않았다. 나중에 보니 애크론 사람 중에는 오하이오 주를 벗어난 경험이 없는 사람들이 많았다. 그야말로 '오하이오 촌놈'이다.

그렇다면 현대판 촌사람은 누굴까? 그 동네를 한 번도 벗어난 경험이 없는 사람? 그렇지 않다. 요즘은 교통이 발달해 시골 촌부들도 다 해외여행 경험이 있다. 내가 생각하는 현대판 촌사람은 '매일 같은 사람하고만 노는 사람'이다. 직장에 이런 사람이 많다. 매일 몇몇 친한 동료들하고만 밥을 먹는다. 다른 부서, 고객이나 상사하고는 어울리지 않는다. 다른 사람들이 끼는 것을 싫어한다. 불편하기 때문이다. 저녁에 술을 마셔도 이들하고만 마신다. 주말에도 이들하고만 어울린다. 그야말로 1년 365일을 비슷한 깃털을 가진 사람하고만 논다. 매일 비슷한 사람하고 만나 무슨 얘기를 할까? 기껏해야 상사 욕, 회사 얘기, 동료에 대한 불평 수준을 넘어서지 못할 것이다. 이게 현대판 촌사람이다.

나 역시 오랫동안 촌사람으로 살았다. 회사 생활 할 때 그랬다. 매일 같은 부서 사람들하고만 어울렸다. 타 부서 사람들은 회의 때, 연수 때 만나는 게 다였다. 고객들은 업무로 엮일 때만 만났다. 해외 출장을 가서도 그랬다. 낮에는 업무 때문에 외국인과 영어로 얘기는 했지만 늘 불편하고 힘이 들었다. 그래서 저녁 약속은 가급적 피했다. 다른 핑계를 대고 우리끼리 먹었다. 저녁만이라도 마음 편하게 우리끼리 한국말 하면서 한식을 먹고 싶었기 때문이다. 전형적인 촌놈이었다.

비슷한 사람끼리 사는 게 편하긴 하다. 새로운 사람을 사귀는데는 비용이 든다. 하지만 스파크는 새로운 사람과 새로운 경험을 할 때 튄다. 매일 같은 사람을 만나는 것이 편하긴 하지만 머릿속에서 화학반응이 일어나진 않는다.

삼성전자의 성공 신화에는 여러 사람이 기여를 했는데 그중 한 사람이 윤종용 고문이다. 그는 〈하버드비즈니스리뷰〉로부터 '세계에서 가장 경영 성과가 좋은 최고경영자' 2위로 선정되기도 했다. 내가 그를 고수로 생각한 계기는 한 신문의 인터뷰 기사 때문이다.

오래전, 재벌들의 문어발식 확장이 비판을 받고 있을 때였다. 삼성전자도 그 비판의 대상이었다. 반도체면 반도체, 가전이면 가전만 하지 왜 백화점 식으로 사업을 벌이느냐고 기자가 물었다. 그는 이렇게 답했다. "말이야 그럴듯하지만 저는 동의하지 않습니다. 한 곳에 올인했다가 만약 그 사업이 삐끗하면 그 회사는 한 방에 갑니다. 사업에도 포트폴리오가 필요합니다. 특히 전자사업같이 상품주기가 짧고 경쟁이 치열한 곳은 더욱 분산 투자를 해야 합니다. 그래야 하나가 무너져도 다른 것이 뒤를 받쳐 줍니다."

얼마나 선견지명이 있는 말인가? 만약 삼성전자가 반도체만 하고 나머지 사업을 축소했다면 현재 삼성전자는 어떨까? 아마 벌써 사라졌을지도 모른다.

그는 어떻게 이런 지혜를 터득했을까? 아마도 그가 두루 거쳐 온 다양한 경험 때문일 것이다. 그는 물먹은 경험이 있다. 삼성전자를 다니던 그는 선대 회장의 눈 밖에 나 잠시 현대전자로 쫓겨 갔다가 컴백했다. 내가 볼 때 이건 엄청난 경험이다. 계속 같은 장소에서 승승장구하는 것보다 다른 곳을 가 보거나, 시쳇말로 물을 먹어보면 세상 보는 눈이 달라진다. 자신의 강점과 단점, 세상을 보는 객관적인 눈을 갖게 된다. 그래서 최우석 전 삼성경제연구소 부회장은 성공하는 CEO의 요건 중 하나로 "물먹은 경험"을 꼽는다. 물을 먹어야 성장을 한다는 것이다.

또한 그는 다양한 곳에서 살아 봤다. 삼성재팬에서 몇 년 근무했고, 네덜란드에서 필립스 지사장 생활도 했다. 미국 슬로언 스쿨에서 유학 생활도 했다. 미국, 유럽, 일본에서 모두 살아본 경험이 있다. 다양한 경험을 통해 그는 여러 시장에 대한 해박한 지식을 얻었다. 보통은 해외 사례를 그대로 들여와 낭패를 보는데 그는 장단점을 파악해 비빔밥을 비비듯 고루 비벼 삼성식 경영전략을 만들어 냈고 그것이 성과를 내고 있다.

촌으로 갈수록 공무원을 선호한다. 왜 그럴까? 그들의 경험에서 따져 보면 최선이 공무원이기 때문이다. 사람은 아는 만큼 보이는 법. 평소 아는 범위를 벗어나지 못하는 것이다. 하수 부모는 자식들에게도 그런 말이 안 되는 것을 강요한다. 자식들의 날개를 꺾는 격이다. 하지만 고수는 다르다. 본 것도 많고 아는 것도 많다. 직업적인 것도 그렇다. 공무원은 그냥 많은 직업 중 하나일 뿐 최고라고 생각하지 않는다. 너무 괜찮은 직업을 많이 봤기 때문이다. 우물 속 개구리에게 바다에 대해 설명해 줄 수는 없다. 한 여름만 살다 가는 여름 곤충에게 겨울을 설명할 수는 없다. 고수가 되기 위해서는 경험의 폭을 넓혀야 한다.

오픈되어 있다

선생님을 10년쯤 하다 다른 사업을 하는 사람을 만난 적이 있다. 이런 얘기를 한다. "선생님은 보람 있는 직업이지만 치열하게 노력하지 않으면 시야가 좁아지고 생각도 편협해집니다. 매일 비슷한 사람을 만나기 때문인 것 같습니다. 학생, 동료 선생, 학부형이 전부거든요. 주제도 늘 비슷하잖아요. 그때는 그게 세상의 전부라고 생각했습니다. 선생을 그만 두고 사업을 하다 보니 예전의 제가 정말 좁은 우물 속에서 살았다는 생각이 듭니다."

이 말을 듣고 예전 회사 생각이 났다. 대기업 임원이었던 나는 주기적으로 전사 교육을 받았다. 근데 이상했다. 같은 그룹 임원이지만 회사별로 칼라와 느낌이 완전 달랐기 때문이다. 상사 쪽에 근무하는 사람들은 세련됐다. 옷 입는 것, 생각하는 것, 말하는 것이 달랐다. 인물도 훤하고 옷도 잘 입고 매너도 좋았다. 얘기 소재도 풍부하고 아는 것도 많았다. 개방적이었다. 반면 제조업체에서 온 사람은 상대적으로 촌스러웠다. 영업 쪽은 좀 괜찮은데 나같이 생산 쪽에서 온 사람들은 더 그랬다. 매일 공장 얘기 외에는 할 말이 없었다. 상사 쪽 사람들과 같이 있으면 위축되었다. 나는 늘 그게 궁금했다.

내가 내린 결론은 환경이다. 환경이 사람을 만든다는 것이다. 어떤 환경에서 일을 하느냐가 그 사람을 만든다. 생산 쪽은 공장을 떠날 일이 없다. 매일 같은 사람들과 공장 관련 얘기만 한다. 만나는 사람도 사내 사람뿐이다. 간혹 업체 사람을 만나지만 그 관계는 제한적이다. 보는 것도 늘 공장뿐이다. 반면 영업이나 해외 근무자들은 노는 물이 달랐다. 만남의 폭에서 게임이 되지 않았다. 천하를 주유하니 견문이 넓었다. 자연스레 이해의 폭이 커졌고 그런 것이 쌓여 다른 느낌으로 왔던 것이다. "많이 다니고 많이 보고 많이 만날수록 사람은 개방적이 된다. 한 곳에서 같은 사람들과 한 가지 일만 하면 폐쇄적이 될 가능성이 높다." 당시 내가 내린 결론이다.

고수는 개방적이다. 하지만 하수는 폐쇄적이다. 고수는 다양한 사람을 만난다. 여러 방면의 책을 읽고 여행 경험도 많다. 여러 직장이나 직업을 경험해 보았기 때문에 직업에 대한 이해의 폭도 넓다. 주제도 다양하다. 터부 영역도 없다. 선입관이나 고정 관념도 별로 없다. 걸리는 것이 없어 같이 얘기하기 편하다. 하수는 폐쇄적이다. 좋아하는 책만 읽고 비슷한 사람들하고만 만난다. 주제도 늘 거기서 거기다. 고정 관념이 강하고 자기주장을 굽히지 않는다. 금기시되는 영역이 많아 그 소재에 대한 얘기는 가능한 한 피해야 한다. 그런 사람과 있으면 불편하고 신경이 쓰인다.

그렇다면 개방성을 위해서는 어떻게 해야 할까?

실력을 키워야 한다. 실력이 있으면 자신감이 생긴다. 자신감이 생기면 개방적이 된다. 폐쇄적인 이유는 자신감이 없기 때문이다. 운전 단계를 보면 알 수 있다. 초보는 시야가 좁다. 다른 곳을 볼 여유가 없다. 앞만 보고 가기도 바쁘다. 차선 하나 바꾸려 해도 식은땀이 흐른다. 옆 사람과 말하는 것은 불가능하다. 하지만 고수가 되면 실력이 붙고 여유가 생긴다. 주변도 살피고 옆 사람과 즐겁게 얘기도 나눌 수 있다.

한 자리에 머물기보다는 계속 도전하고 전진해야 한다. 나는 카피 레프티스트^{Copy Leftist}다. 내가 가진 지적 재산에 대해 높이 평가하지 않는다. 나도 누군가로부터 배운 것이고, 내 지식과 지혜도 공유할 때 가치가 있다고 생각한다. 무엇보다 예전 지식에 머물면 더 이상 발전할 수 없다고 생각하기 때문이다. 중국의 장기 명인은 어렵사리 새로운 수를 개발할 때마다 이를 공개했다. 새로운 수를 공개하지 않으면 당장 다른 사람은 이길 수 있지만 결국 자신을 이기는 일에 게을러지기 때문이다. 나 역시 같은 생각이다.

성을 쌓고 한 자리에 안주하기보다 길을 내면서 움직여야 한다. 원치 않더라도 미래에는 전 세계를 무대로 놀아야 한다. 자꾸 새로운 길을 내고, 새로운 사람들과 만나고 배워야 한다.

"성을 쌓고 사는 자는 망할 것이며 끊임없이 이동하는 자만이 살아남을 것이다." 돌궐 제국을 부흥시킨 톤유쿠크의 비문이다. 당신은 어떠한가?

한계에 도전한다

고교 시절 대표적인 영어 참고서는 세 개였다. 《기초영문법》, 《정통종합영어》(지금의 성문영어), 《1200제》가 그것이다. 《기초영 문법》은 말 그대로 기초적인 문법을 다룬 책이다. 공부 잘하는 애들은 중학교 때 마치고 올라왔다. 보통 애들은 《정통종합영 어》를 주로 봤다. 당시 고수들은 《1200제》를 봤다. 덩달아 나도 그 책을 사서 공부하기 시작했다. 완전 수준이 다른 영어였다. 생전 듣도 보도 못한 단어가 수두룩했다. 난공불락 그 자체였다. 혼자 힘으로 이를 읽고 해석하는 것은 불가능에 가까웠다. 그래 도 시작한 것이라 공부 잘하는 애들 옆에 붙어서 물어가면서 조 금씩 읽어 나갔다. 힘든 시간이었다. 그런데 몇 달 후 우연히 예전의 《정통종합영어》를 봤는데 너무 쉽게 느껴지는 것이 아닌가. 마치 초등학생 책을 보는 것 같은 느낌이었다. 나도 모르게 영어 실력이 한 단계 오른 것이다. 이후 영어 공부하기가 훨씬 수월해졌다.

2003년 애니카 소렌스탐은 콜로니얼 토너먼트에서 남자 PGA 경기에 출전했다. 아무리 뛰어난 여자 선수라도 남자 프로와 맞짱을 뜨는 것은 쉽지 않다. 절대 체격과 비거리에 차이가 나기 때문이다. 그녀는 열심히 했지만 컷오프를 당했다. 사람들은 왜 이런 경기에 출전했는지 이유를 물었다. 그녀는 이렇게 대답했다. "제 자신이 얼마만큼 할 수 있는지 알고 싶었어요. 제 게임에 활력을 줄 거라 생각했죠." 한 마디로 자신의 한계를 알고 싶었다는 것이다. 결과가 어땠을까? 그다음 시즌 그녀는 18개 대회에 출전해 16개 경기에서 톱 10에 들었고 그중 여덟 번 우승했다. 남자들과 붙어 본 후에 같은 여자들과 겨루니 쉽게 느껴졌을 것이다.

이처럼 고수가 되기 위해서는 자신의 한계에 도전해야 한다. 그래야 자신이 어떤 사람인지 알 수 있고 숨겨진 잠재력도 발견할 수 있다. 비슷비슷한 수준의 사람들과 고만고만한 일을 하면 그 날이 그 날이다. 발전이 없다. 한 단계 올라서려면 한계에 도전해야 한다.

우주인이 되기 위해서는 실전 모의훈련을 많이 한다. 이를 위해서는 스스로 가혹한 조건을 만들어야 한다. 실전 모의훈련은 여러 어려운 상황을 의도적으로 만들고 어떻게 할 것인가를 미리 숙달하는 훈련이다. 우주정거장과의 도킹은 250회까지 시뮬레이션 한다. 실제를 가정한 철저한 훈련과 시뮬레이션 덕분에 실제 상황이 오히려 쉽다. 단지 연습만 많이 한다고 최고가 되는 것은 아니다. 실전보다 강한 연습만이 최고를 만든다.

한국의 양궁은 세계적이다. 훈련의 핵심은 "한계에 도전하기"이다. 기상천외한 방법으로 끊임없이 훈련한다. 해병대 훈련, 특수부대HID 훈련, 번지점프, 무박3일 행군 등을 한다. 일주일의 반은 기초 체력을 쌓는 데 투자한다. 월요일과 금요일은 웨이트트레이닝으로 근력 운동을 한다. 16종류를 1세트로 3세트를 뛰는데 그렇게 1시간 웨이트트레이닝을 하면 완전 녹초가 된다. 그다음엔 바로 수영장엘 간다. 유연성을 위해서다. 잔 근육을 만들어 줘야 몸에 지구력이 생긴다. 수요일에는 운동장을 돈다. 2시간 반 동안 여자는 30바퀴, 남자는 50바퀴를 돈다. 토요일에는 등산을 한다. 죽음의 스케줄이다. "여기서 이정도도 해내지 못하면 설령 양궁을 그만두고 다른 일을 하더라도 절대 성공하지 못합니다. 최소 10년간은 내 인생에 승부를 걸어보겠다는 의지조차 없으면 선수로 살아남기 어렵습니다." 아테네 올림픽 양궁 남자 대표팀을 지도했던 서거원 감독의 말이다.

일을 하다 보면 늘 고비가 온다. 이때가 가장 힘들다. 하지만 이때를 넘기면 수월하다. 하수는 이 고비를 넘기지 못하고 주저앉는다. 고수는 이 고비를 넘기고 환희를 맛본다. 인간의 삶과 화학반응은 모두 임계점이 존재한다. 임계점을 넘어서야 원하는 결과물을 얻을 수 있다. 화학반응이 일어나야 내가 원하는 제 3의 물질이 만들어진다.

화학반응을 일으키기 위해서는 개시제initiator와 촉매catalyst가 모두 필요하다. 온도도 높이고 때로는 압력도 높여야 한다. 모든 실험이 처음에는 아무 반응이 없다. 그러다 일정 시점(임계점)이 되면 부글부글 끓으면서 화학반응이 시작되고 원하는 물질이 만들어진다. 인간의 삶도 그러하다. 공부를 하고 사람을 만나고 책을 보는 모든 행위가 좀 더 나은 삶을 원해서다. 변화를 위한 것이다. 근데 하수들은 고비를 넘지 못한다. 고비 이전에 포기한다. 고수는 꾹 참고 이 고비를 넘긴다.

한계에 도전하라. 물은 99도까지는 끓지 않는다. 고지가 바로 저기일 수 있다. "절벽 가까이로 나를 부르셔서 다가갔습니다. 절벽 끝에 더 가까이 오라고 하셔서 더 다가갔습니다. 그랬더니 절벽에 겨우 발붙이고 서 있는 나를 절벽 아래로 밀어 버리시는 것이었습니다. 물론 나는 그 절벽 아래로 떨어졌습니다. 그런데 나는 그때까지 내가 날 수 있다는 사실을 몰랐습니다." 로버트 슐러 목사의 말이다.

비울수록 채워진다

활기찬 삶을 위해서는 주기적으로 판을 엎어야 한다. 사는 곳도 바꿔 보고, 하는 일에도 변화를 주는 것이 좋다. 새로운 곳에도 도전해 봐야 한다. 그러한 도전에서 중요한 것은 기존의 것을 완전히 버려야 한다는 것이다. 완벽히 비워야 한다. 그래야 새로운 것을 채울 수 있다.

예를 들어, 이민은 큰 도전이다. 자기 삶의 터전을 바꾸는 것이기 때문이다. 근데 이민 가서 성공한 사람들을 보면 대부분 가진 것이 없거나 한국에서 쫄딱 망한 사람들이다. 더 이상 한국에 미련도 없고 비빌 곳도 없는 사람들이다. 이런 사람들은 직업을 가리지 않는다. 죽기 살기로 닥치는 대로 일을 한다. 그러다 보면 길이 열린다. 반면 가진 것이 많은 사람들은 실패 확률이 높다. 우선 일을 가려서 한다. 한국에서 일류 대학까지 나온 내가 이런 일을 할 수 있을까 고민한다. 조금 힘들면 차라리 돌아가 예전 일을 할까 하는 망설임도 생긴다. 당연히 전력투구를 못한다. 어정쩡하게 살다 실패한다.

나 역시 그런 경험이 있다. 대기업을 나와 작은 컨설팅 회사에 들어갔을 때의 일이다. 엔지니어로 일하던 내가 컨설팅을 배우기 위해 들어간 회사다. 그 회사는 경영 관련 정보가 많았다. 자체적으로 운영하는 MBA 프로그램이 있었고, 여러 교육 과정도 있었다. 경영 관련 책과 강의 테이프가 엄청 많았다. 각종 리포트와 제안서도 제법 있었다. 경험 부족으로 프로젝트에 참여할 수 없었던 나는 대부분의 시간을 경영 관련 책과 리포트를 보는 데 사용했다. 틈틈이 전문가를 따라다니며 프로젝트 수주 방법, 프레젠테이션 방법도 어깨 너머로 배울 수 있었다. 출퇴근 시간을 활용해 강연도 열심히 들었다. 집에서 회사까지 한 시간 반이나 걸렸기 때문에 아주 유용했다. 그곳에서 2년쯤 근무하면서 나는 미친 듯이 관련 정보를 흡수했다. 내 자신이 백지상태였기 때문에 가능했다.

1년쯤 지나 그곳에서 운영하는 MBA 과정을 듣고 싶어 알아 봤더니 별 문제가 없었다. 덕분에 거의 무료로 들을 수 있었다. 근데 이상한 점이 있었다. 그곳에 있는 컨설턴트들은 아무도 책이나 강연 테이프를 활용하지 않았다. MBA 과정에도 별 관심이 없었다. 다들 경영학과를 나와 컨설팅 관련 일을 몇 년 하다 보니 호기심이 사라지고 그 정도는 안다고 생각했기 때문이다.

고전 저술가로 활발한 활동을 하는 고미숙 씨도 비슷한 고백을 한다. "내가 그 살벌한 무림에서 살아남을 수 있었던 건 무엇보다 텅 비어 있었기 때문이다. 아무것도 가진 것이 없었기에 나는 스펀지가 물을 흡수하듯 무조건 배우고 또 배웠다. 다른 사람 말에 열심히 귀를 기울였다. 공부를 위해서는 지식의 양보다 자신을 진정으로 비울 수 있느냐는 것이 중요하다. 배움에 있어 가장 불리한 것은 겸손을 가장한 자기비하, 이미 획득한 지식에 갇혀 새로운 흐름을 받아들이지 못하는 경직성이다. 지식의 양이 많건 적건 비움은 배움의 필수적 조건이다. 끊임없이 비울 수 있어야 큰 앎이 흘러들 수 있다." 나는 이 말에 전적으로 동의한다.

새로운 곳에 도전할 때는 기존의 것과 완벽히 단절하는 것이 좋다. 기존 회사 주변을 빙빙 도는 것, 옛날 사람들을 만나 자꾸 추억을 더듬는 행위는 바람직하지 않다. 힘들어도 이전에 내가 가진 것을 완벽히 비울 수 있어야 새로운 가능성이 열린다. 기존의 것을 놓지 않으면 새로운 가능성이 열리지 않는다. 대나무도 매듭이 있어야 다음 마디가 자랄 수 있는 것이다. 썩은 동아줄을 놓아야 새 동아줄을 잡을 수 있다. 노자가 얘기하는 허虛는 '가능성'이다. 비워야 채울 수 있다는 것이다.

새로운 곳에 도전하고 싶은가? 기존의 것을 완벽하게 비워라. '제티슨'jettison이란 단어가 있다. 선박이나 항공기가 비상 상황에 처했을 때 사람의 생명을 제외한 화물을 바다에 버리는 것을 말한다. 아무리 값비싼 물건이라도 난파 위기를 당했다면 버리는 게 원칙이다. 새로운 곳에 도전하는 사람은 기존의 것을 완벽하게 버릴 일이다.

책이 스승이다

처음부터 고수는 없다. 누구나 처음에는 초보자였다. 길목마다 귀인들이 나타나 음으로 양으로 도와주었기에 이나마 나도 밥을 먹고 산다는 생각을 한다. 한양대학교의 임승순 학장님이 그런 분이다. 내가 국비장학생 시험을 볼 때 그분이 심사위원이었다. 첫 인상이 꼬장꼬장해 보였다. 난 학점이 좋지 않아 걱정이 많았는데 예상대로 그분은 학점을 갖고 집요하게 따졌다. 사실, 학점이 나쁜데 무슨 이유가 있겠는가? 솔직하게 노느라고 공부를 안 했다고 얘기했다. 속으로 포기했는데 의외로 합격을 했다. 유학을 다녀와 몇 번 뵌 적이 있는데 "학점은 별로였지만 의지도 보이고 사람이 똘망똘망해 보여 자격이 있다고 판단했다"는 말씀을 하셨다. 참으로 고마운 분이다. 서울대 윤석철, 조동성 교수님도 내게는 좋은 영향을 끼친 분들이다. 윤은기 중앙공무원연수원장님은 방송을 할 때, 학교의 총장으로서 내게 많은 것을 가르쳐 주셨다. 그분들 덕분에 지금의 내가 있다.

사람만큼 중요한 것은 책이다. 사람은 자신이 읽은 것에 의해 만들어진다. 세계적인 경영 사상가 스티븐 코비 박사가 그런 분이다. 그분이 쓴 《성공하는 사람의 7가지 습관》은 내 인생을 바꾼 책이다. 당시 나는 대기업 부서장으로 일하고 있었다. 나름 진급도 빨리했고 남들 눈에는 성공적인 인생이었다. 하지만 내적으로는 힘들었다. 박사학위 소지자가 생산 현장에서 일을 하는 것, 불편한 상사와의 갈등, 미래에 대한 걱정 등으로 방향을 잡지 못하고 있었다. 그때 이 책을 만났다. 거기 나온 '주도성' 개념을 접하면서 눈이 확 떠지는 느낌이었다. 늘 세상을 원망하고 자기 위주로만 살았던 내게 일침을 가했다.

주도성이란 이런 개념이다. "세상에서 일어나는 대부분의 일 (관심의 원)은 내 힘으로 어쩔 수 없지만 거기에 어떻게 반응하느냐는 내 힘으로 결정할 수 있다. 주도성이란 내 힘으로 어쩔 수 없는 '관심의 원'에 대해서는 잊고, 내가 할 수 있는 일(영향력의 원)에 에너지를 집중하는 것이다." 그동안 나는 대응적으로 살

왔다. 내 힘으로 어쩔 수 없는 일에 정력을 낭비했다.

살면서 주도성이란 말처럼 내 삶에 큰 영향을 준 말도 없다. 좋은 습관 넘버 1인 주도성은 지금도 내 삶의 가장 중요한 밑바탕에 깔려 있다. 어떤 일이 벌어질 때마다 늘 스스로에게 질문한다. "지금 이 일이 관심의 원인가, 영향력의 원인가? 니가 할 수 없는 일로 쓸데없이 고민하는 것은 아니냐?"

피터 드러커의 책도 비슷한 충격을 주었다. 어떻게 해야 효과적으로 경영할 수 있는지를 조직 차원에서 설명했다. 컨설팅을 하는 나는 사실 드러커 박사를 흉내 내고 있다. 두 사람의 책을 읽으면서 나는 피터 드러커와 스티븐 코비를 반반씩 닮았으면 좋겠다는 삶의 목표를 세웠고 그렇게 되고자 부단히 애쓰고 있다.

나폴레온 힐, 켄 블랜차드, 데일 카네기의 책 역시 큰 영향을 주었다. 나폴레온 힐의 《놓치고 싶지 않은 나의 꿈 나의 인생》은 회사를 그만두고 갈피를 잡지 못해 실의에 빠져 있던 내게 큰 힘을 준 책이다. 생생히 꿈을 꾸면 언젠가 이루어진다는 것을 처음으로 배웠고, 그 당시 상황으로는 말도 안 되는 목표를 세우고 그것을 노트에 적었다. 무엇이 되고 싶고, 얼마를 벌고 싶고, 어디어디 가고 싶고 등등.

오래전 꾸었던 꿈은 지금 대부분 달성됐다. 나폴레옹의 말이 거짓 아닌 진실이란 사실을 체험 중이다. 캔 블랜차드의 책도 거의 다 읽었다. 그분은 리더십 관련 내용을 쉽고 재미있게 쓰기 때문에 나를 깨우는 데 큰 도움이 된다. 데일 카네기의《인간관계론》은 그동안 내가 얼마나 잘못 살았는지, 대인관계에 미숙했는지에 대해 뼈아픈 반성을 하게 만들었다. 특히, 논쟁하지 말라는 가르침은 큰 깨달음을 주었다. 그때까지만 해도 나는 논쟁하는 것을 좋아했고 거기서 이기려고 기를 썼다. 또 그렇게 해서 이기면 기고만장했다. 하지만 이 책 덕분에 논쟁을 벌이는 자체가 얼마나 어리석은 일인지를 알게 되었다.

로버트 치알디니의《설득의 심리학》은 사람 행동에 관한 매뉴얼 같은 책이다. 사람을 움직이는 설계도를 엿본 기분이다. 자식을 공부시키려고 감시하고 끊임없이 잔소리를 퍼붓는 부모들에게 꼭 권하고 싶은 책이다.

말콤 글래드웰은 개인적으로 좋아하는 저자다.《티핑포인트》,《블링크》,《아웃라이어》 등 쓰는 책마다 베스트셀러다. 무엇보다 그의 통찰력에 감탄을 금치 못한다. 어떻게 젊은 나이에 그 정도의 내공을 갖추었는지 믿기지 않는다. 예를 들어,《티핑포인트》를 보자. 화학을 전공한 사람은 임계점critical point이란 단어에 친숙하다. 임계점을 지나야 반응이 일어나기 때문이다. 그런 임계점을 사회과학 분야에 적용하고 다양한 사례를 들어 쓴 책이 《티핑포인트》다. 그의 책은 깨알 같은 재미가 있다. 고수들은 척 보는 순간 판단할 수 있다는 내용의 《블링크》란 책도 재미있다. 《아웃라이어》는 천재들의 얘기를 썼다. 한 분야에서 제대로 활동하기 위해서는 적어도 1만 시간은 필요하다는 내용은 내게 큰 자극을 주었다.

고수는 자기만의 콘텐츠를 가진 사람이다. 비교적 짧은 시간에 가장 정선된 콘텐츠를 만드는 최선의 방법은 바로 독서다. 얼마나 많은 책을 읽고 소화했느냐가 그 사람의 인생을 만든다. 지금의 나를 만든 것은 책이다. 책에서 만난 스승이다. 지난 20년간 거의 5천 권 정도의 책을 읽었다. 삼성경제연구소에서 12년이상 책 소개를 하면서 많은 책을 읽을 수밖에 없었다. 그런 지식이 쌓이고 쌓여 나도 모르게 일정한 수준에 올랐다. 난 내가 읽은 것에 의해 만들어졌고 앞으로도 그럴 것이다. 당신에게는 나만의 콘텐츠가 있는가?

사람 냄새 나는 만남

모 글로벌기업의 구 사장은 아시아태평양 지역 책임자로 홍콩에서 일한다. 그를 안 지는 30년이 넘어간다. 그가 스위스 회사의 한국지사장이던 시절 처음 만났다. 당시 나는 자동차 회사의 연구실에서 일하고 있었다. 그는 차 유리 접착 물질을 회사에 공급하고 싶어 했다. 근데 난관이 많았다. 단가가 비쌌다. 한국 회사에 납품한 경험이 없었다. 하지만 품질과 생산성이 좋아 단기적으론 손실 같았지만 장기적으로 회사에 이익이란 판단이 섰다. 그와 나는 의기투합해 그 프로젝트를 해보기로 했다. 스위스 본사도 가보고, 그 물질을 쓰는 BMW같은 회사도 방문하고, 실험도 해보면서 그 물질에 대해 알아 갔다. 점점 확신이 섰다.

하지만 과정에 어려움이 많았다. 기존 업체의 반발, 그와 연계된 사람들의 보이지 않는 방해, 변화를 거부하는 현장 사람들, 무엇보다 나를 보는 곱지 않은 시선(그 회사에서 뭔가 받았을 거라는)이 부담됐다. 구 사장은 납품을 위해 많은 돈과 시간을 썼다. 이 프로젝트에 사운을 걸었다. 천신만고 끝에 파일롯 테스트까지는 갔다. 근데 마지막 테스트에서 문제점이 발견돼 그동안의 노력이 수포로 돌아갔다. 조금 더 해보면 개선할 수 있었겠지만 힘이 모자랐다. 자동차 업계는 워낙 보수적이라 이런 식의 새로운 시도를 싫어했다. 실무자 입장에서는 남는 게 없었다. 가만있으면 중간은 가는데 괜히 나섰다 문제가 생기면 덤터기를 쓰기 때문이다. 그렇지 않아도 탐탁지 않았는데 테스트에서 문제가 생기자 더 이상 볼 것도 없었다. 우리 둘은 크게 낙담했다. 현실의 벽 앞에서 내 미약함만 확인했다.

세월이 한참 지난 후 그가 연락을 해왔다. 그는 다른 독일계 회사의 지사장이 되어 있었다. 힘들게 내 연락처를 알았다며 자기 회사 워크숍에 나를 초청했다. 수년 만에 우리는 다시 만났다. 왜 나를 찾았느냐고 묻자 그는 이렇게 말했다. "전 자동차 회사 사람들 많이 만납니다. 다들 슈퍼 갑이잖아요. 저 같은 을은 사람 취급을 안 합니다. 일이 끝나면 만날 일도 없고 만나고 싶지도 않아요. 근데 한 박사님은 보고 싶었습니다. 유일하게 저를 사람대접했거든요. 그게 인상적이라 찾고 싶었습니다."

이미 그때의 기억이 가물가물했던 나는 왜 그런 생각이 들었는지 물었다. 그는 이렇게 말했다. "그날 마지막 테스트에서 떨어진 날, 한 박사님이 남문 뒤 부대찌게 집으로 절 데리고 갔습니다. 그리고 식사를 대접했습니다. 대낮에 소주를 한 병씩 마시면서 너무 미안해하는 겁니다. 사실, 제가 더 미안했습니다. 회사 일은 안 됐지만 사람은 하나 건졌다고 생각했고 저분하고는 오래 인연을 유지해야겠다는 마음이 들었습니다. 근데 얼마 후 회사를 그만두셨더군요. 연락할 방법이 없었습니다." 사실, 소주 마신 기억은 나지 않았다. 그 회사와 일한 것, 구 사장이 참 적극적이라는 것, 갑처럼 행동하는 회사 사람들이 싫어 나만이라도 인간적으로 행동하자고 생각했다는 것 등이 전부였다. 그 인연은 지금까지 이어 온다. 아시아태평양 회장 자리 때문에 인터뷰를 갈 때도 나와 같이 작전을 짰다. 자주 만나지는 못하지만 내겐 정말 소중한 인연이고 귀한 분이다.

이렇게 성공적인 케이스도 있지만 사실 실패한 케이스가 더 많다. 그때 그 사람을 좀 더 귀하게 대접할 걸, 그 인연을 소중히 할 걸 하는 후회가 많다. 젊을 때는 이런 생각을 하지 못했다. 남들은 내 눈에 들어오지 않고 오로지 나만 중요하고 내 삶만 힘들었다. 그런데 인생은 그게 아니었다.

사람은 관계 속에서 성장하고, 발전하고, 기회를 잡고, 기쁨을 느끼는 존재다. 돈이 얼마나 많은가도 성공의 기준이 되겠지만 괜찮은 사람들이 내 주변에 얼마나 많은지는 더 중요한 척도다. 핵심은 만남이다. 고수들은 만남을 소중히 한다. 남녀노소, 지위 고하를 막론하고 그들을 평등하게 대한다. 만날수록 그 사람에 대한 평판은 좋아진다.

반면 하수들은 만남을 차별한다. 도움이 될 것 같은 사람, 높은 사람에게는 지나치게 굽실거리고 자기 생각에 별 볼 일 없는 사람들은 무시한다. "저 사람을 언제 또 보겠어"라는 식으로 대한다. 근데 사람 일은 그렇지 않다. 예상치 못한 사람이 좋은 기회를 가져다주기도 하고, 반대의 경우가 벌어지기도 한다. 그런 사소한 만남이 쌓이고 쌓여 운명을 결정한다. "덕을 많이 쌓은 집안에는 반드시 좋은 일이 생긴다"는 '적덕지가 필유여경'積德之家 必有餘慶의 핵심은 만남의 소중함이다. 자, 당신 앞에 있는 그 사람은 나에게 어떤 의미인가?

끈끈한 인맥 느슨한 인맥

대기업 임원을 그만둘 당시의 일이다. 앞으로 무슨 일을 하면 좋을지 고민하고 있는데 같은 회사의 서정진 고문(당시 그 회사 임원이었지만 그렇게 불렀다. 이후 셀트리온을 설립했다)이 어디 좀 함께 가자면서 전화를 했다. 딱히 할 일도 없었기에 그러자고 했다. 이동하는 차 안에서 그가 위로의 말을 건넸다. "회사를 그만두고 컨설턴트를 하고 싶어 한다는 얘길 들었습니다. 한 이사가 나가는 건 정말 유감이고 회사에 큰 손실인 것 같습니다."

의외였다. 같은 회사에서 일했지만 그리 친한 사이가 아니었고 하는 일도 워낙 달랐기 때문이다. 목적지는 여의도의 어느 식당이었고 거기 온 사람들은 유명 컨설팅회사의 파트너들인데서 고문과는 아주 친해 보였다. 잠시 후 그가 본론을 얘기했다. "우리 회사에서 제일 잘 나가는 젊은 임원입니다. 컨설팅을 하고 싶어 하는데 그 회사에서 일하면 어떨까요? 절대 후회하지 않을 겁니다"라면서 내 칭찬을 엄청 하는 것이다. 아니, 이 사람이 왜 나를 위해 발 벗고 나설까? 결과적으로 그 일은 하지 못했다. 하지만 오랜 세월이 흘러도 서 고문이 나를 도와준 것이 뜻밖이고 또 고마울 뿐이다.

살다 보면 의외의 일이 많다. 한 번은 대기업 인사 쪽에 일하는 친구가 전화를 해서 자기 회사 임원들을 대상으로 코칭을 부탁했다. 여러 사람이고 장기 프로젝트라 수입이 제법 됐다. 그 일은 지금까지 계속하고 있다. 나로서는 참으로 감사할 일이다. 그 역시 의외였다. 그 친구는 예전 회사 직원이긴 하지만 내가 회사를 그만둘 때쯤 들어와서 나와는 별 인연이 없었다. 밥 한 번 먹은 적도 없고 그야말로 얼굴만 아는 사이였다. 그런 친구가 왜 나를 추천했을까?

결정적인 도움을 받았던 기억을 떠올려 보라. 그게 누구였나? 아주 친한 사람이었나, 아니면 겨우 얼굴이나 아는 사람이었나? 여러분은 강한 인맥과 약한 인맥 중 어느 것이 도움이 된다고 생각하는가? 보통은 가족이나 친척, 친한 동료나 동창 등을 떠올린다. 근데 사실은 그렇지 않다. 약한 인맥이 의외로 좋은 기회를 가져온다. 내게는 서정진 회장이나 예전 부하 직원이 그런 사람이다. 강한 인맥은 안 지 오래된 사람들이다. 성장 배경, 학력, 하는 일, 노는 물이 비슷비슷하다. 그가 아는 것은 나도 알고, 그가 아는 사람은 나도 알고 있을 가능성이 높다.

하지만 느슨한 인맥은 다르다. 많은 것이 다르고 노는 물이 다르다. 그는 나를 객관적으로 볼 가능성이 높다. 내가 모르는 내 잠재력을 읽을 수도 있다. 이쪽에서는 흔한 스펙이지만 그 동네에서는 희소 자원일 수도 있다. 이런 면에서 오히려 강한 인맥은 장애 요인이 될 수 있다. 끈끈함이 지나치면 문제가 된다. 폐쇄적이 되어 새로운 사람이 접근할 수 없고 새로운 정보로부터 소외된다. 삶을 바꿀 기회를 박탈당할 수도 있다. 빈곤한 공동체가 그렇다. 미국의 흑인들은 가난하지만 강한 관계를 중시한다. 이웃과 많은 것을 공유하고 옆집 숟가락 숫자까지 안다. 하지만 그런 것이 똑똑한 흑인들의 성장을 방해한다. 리처드 코치가 쓴 《낯선사람 효과》에 나오는 내용이다.

1973년 마크 그래노비터가 사회학저널에 실은 "약한 고리의 힘strength of weak ties"도 비슷한 내용이다. 좋은 기회를 가져다 준 사람 중 17퍼센트만이 친한 사이고 나머지는 가끔 만나거나 거의 만나지 않는 사람이란 것이다. 좋은 일은 강한 인맥보다는 약한 인맥을 통해 일어나고 그 이유는 추천하는 사람도 추천받는 사람도 객관성을 갖게 되기 때문이란 논리다.

내 성향이 그렇기도 하지만 난 가족 외에 누군가를 자주 만나고 지나치게 친하게 지내는 것에 대해 약간의 불편함을 느낀다. 그보다는 적당한 거리를 두고 지내는 것을 좋아한다. 기숙사 생활과 유학 생활을 통해 배운 일종의 처세다. 유학생들은 외롭고 필요한 것이 많아 정말 가깝게 지낸다. 시도 때도 없이 붙어 지낸다. 그런데 바로 그 이유 때문에 관계가 나빠지는 경험을 했다. 아예 인연이 끊어진 적도 있었다. 인맥도 그렇다. 몰려다니고 형제처럼 지낸다고 다 좋은 것은 아니다. 의도적으로 거리를 두는 것이 장기적으로 유리할 수 있다. 특히 한국 사회는 그러하다. 한국 사회는 한두 다리 건너면 대부분 연결이 된다. 학연 지연 기타 인연으로 얽혀서 친해지려면 얼마든지 친해질 수 있다. 하지만 의도적으로 끈끈함보다는 느슨한 관계를 유지해야 오래 가고 좋은 인연으로 남을 수 있다.

연예인 박경림은 인맥의 포탈 같은 존재다. 그런 그녀도 비슷한 말을 했다. "나는 약한 연결을 좋아한다. 강하고 끈끈해서 도저히 발을 빼려야 뺄 수 없는 강한 연결보다는 정성이 들어가고 진심이 묻어나고 정말 좋아서 맺어지는 약한 연결이야말로 아름답고 바람직한 인적 네트워크라고 생각한다. 그런 네트워크가 최고의 시너지를 낼 수 있다."

법정 스님은 이런 말을 했다. "비본질적인 것들이 본질을 훼손하고 있다. 사람과 사람 사이도 그렇다. 너무 가까이서 자주 마주치다 보면 비본질적인 요소들 때문에 그 사람의 본질을 놓치기 쉽다. 아무리 좋은 사이라도 늘 한데 어울려 치대다 보면 범속해질 수밖에 없다. 사람과 사람 사이는 그리움과 아쉬움이 받쳐 주어야 신선감을 지속할 수 있다. 걸핏하면 전화를 걸고 자주 함께 어울리게 되면 그리움과 아쉬움이 고일 틈이 없다."

칼릴 지브란은 이런 말도 했다. "두 사람이 일체가 되더라도 그 속에 공간을 만들어 두어라." 또한 로버트 프로스트는 "좋은 담장이 좋은 이웃을 만든다"는 말을 남겼다. 가깝게 지내되 적당한 거리를 두어라. 끈끈함도 좋지만 느슨함을 유지하라. 인맥 형성에서 잊지 말아야 할 말이다.

귀인을 만나고 귀인이 되어라

나는 결코 사교적인 사람이 아니다. 동창회도 잘 나가지 않고 친한 친구들과의 모임도 별로 없다. 지인들에게 안부 전화도 하지 않는다. 나서서 모임을 만들거나 자리를 주선하는 그릇도 못 된다. 주변 사람들이 바람을 잡으면 겨우 따르는 스타일이다. 그런 내게 인맥의 중요성을 알려준 분은 서울과학종합대학원 총장과 중앙공무원교육원 원장을 역임한 윤은기 원장이다. 예전에 그분이 쓴《귀인》이란 책을 읽고 감동과 충격을 함께 받았다. 거기 비하면 나는 완전 우물 안 개구리다.

인맥의 중요성을 본격적으로 체감한 것은 그분과 함께 5년간 최고경영자 과정을 진행하면서다. 그 시장은 경쟁이 치열해 모

집이 만만치 않다. 그런데 그분 덕분에 영업에 별 문제가 없었다. 특히, 초반에는 반 이상이 윤 총장을 보고 온 사람들이었다. 그래서 우리 과정에는 그분 출신에 따라 고려대, 충청도, 공군 출신이 많았다. 기타 방송이나 강연을 통해 알게 된 사람들도 많이 왔다. 나를 보고 온 사람은 대여섯 명에 불과했다. 정말 게임이 되지 않았다. 만약 은행 잔고처럼 사람 잔고를 표시한다면 그분은 대한민국 탑 파이브 안에는 들 것이라고 생각했다. 도대체 무엇을 어떻게 했길래 그렇게 탄탄한 인맥을 만들 수 있었을까?

고수들은 어떤 사람일까? 고수들은 고수들과 논다. 주변에 고수들이 많아 시너지를 내면서 더욱 자신을 업그레이드 할 수 있다. 내가 이나마 성공적인 사회생활을 할 수 있는 것도 그런 귀인들 덕분이다. 고비고비 그들의 도움을 받았다. 나를 키워준 부모님은 말할 것도 없고, 학창 시절의 동창들도 내 스승들이다.

대우차를 나와 힘들 때 서울대 조동성 교수께서 컨설팅을 할 기회를 주셨다. IBS 최용주 대표(현 서울과학종합대학원 부총장)는 나를 끌고 다니며 컨설팅이 무엇인지 가르쳐 주었다. 나보다 나이는 적지만 사부인 셈이다. 윤은기 원장은 〈생방송 오늘〉 등 방송에 출연할 기회를 주었고 같은 학교에서 일하면서 최고경영자 과정을 함께 운영했다. 그 과정은 힘들었지만 수많은 고수들을 만날 수 있었고 이런 책을 쓰게 된 배경이 되었다. 홍화순 〈한국경제〉 상무(나중에 서울과학종합대학원 총장을 하다 사고로 돌아가셨다)는 〈한경비즈니스〉란 주간지에 글을 쓸 기회를 주셨고 덕분에 지금 책을 50권 이상 쓰는 저자가 될 수 있었다.

이 글을 쓰다 보니 내가 얼마나 많은 사람들의 도움을 받았는지 새삼 절감하면서 가슴 뻐근함을 느낀다. 앞으로의 내 인생도 아마 이런 분들의 도움을 받으면서 성장할 것이다. 나 또한 수많은 사람들에게 귀인이 되고 싶고 그렇게 되어야 한다. 인간은 사회적 동물이다. 관계 속에서 기쁨을 느끼고 관계 속에서 성장한다.

워싱턴 정가에는 "무엇을 아느냐가 아니라 누구를 아느냐"Not what you know but who you know란 말이 회자된다. 그만큼 좋은 인맥을 가진 사람을 선호한다는 말이다. 고수들은 좋은 인맥을 가진 사람들이다. 이를 통해 자신도 발전하고 주변도 나아지고 사회에 기여한다. 특히 상류사회로 갈수록 인맥은 더욱 중요하다. 태권도 대부 이준구 씨는 인맥 관리를 잘 해 성공을 거둔 것으로 유명하다. 그는 부시 전 대통령, 콜린 파월 전 국무장관, 캘리포니아 주지사를 지낸 아놀드 슈워제네거, 하원의장을 지낸 깅리치, 보브 리빙스턴, 일본의 안토니오 이노키 등과 친교를 나누고 결정적일 때 도움을 준다.

가정도 그렇고 사업도 그렇다. 아무리 잘나도 혼자 힘으로 성공하는 데는 한계가 있다. 크게 사업에 성공한 사람들은 대부분 귀인을 만났기 때문이라고 고백한다. 그렇기 때문에 고수가 되고 싶은 사람은 늘 크게 눈을 뜨고 사람을 만나야 한다. 모든 만남을 소중히 해야 한다. 만남 하나하나에 최선을 다해야 한다. 어떤 사람이 언제 어디서 내게 큰 도움을 줄지 알 수 없다. "인생의 가장 큰 기회란 바로 귀인을 만나는 것이고, 이는 인맥에 달렸다. 긴 여행을 떠날 때 짐을 꾸려줄 사람, 비바람을 만났을 때 우산이 되어 줄 사람, 성공의 고지가 코앞에 놓여 있을 때 마지막으로 뒤에서 밀어줄 사람이 귀인이다." 홍콩의 재벌 리카싱의 말이다. 그 자신도 만남을 통해 인맥을 통해 성공했다는 것이다.

2012년 8월 21일 마스터스 개최지로 유명한 오거스타 내셔널 골프 클럽에서 전 미국 국무장관인 콘돌리자 라이스와 개인 투자 회사인 레인워터사의 부사장인 달라 무어가 여성으로는 처음으로 정식 회원이 되었다는 뉴스가 크게 나왔다. 80년 만에 금녀의 집이 무너졌다는 것이다. 그 클럽이 얼마나 폐쇄적인 곳인지 알 수 있다. 하지만 이건 이상한 게 아니다. 대부분의 고급 사교클럽은 그런 특성을 갖고 있다. 아무나 받지 않고 철저하게 검증하며 다수 회원의 동의가 있어야만 입회가 가능하다. 그렇기 때문에 그런 곳에 소속되었다는 사실만으로도 그 사람이 어떤 사람인지 알 수 있다.

한국도 그렇다. 호텔이나 골프장에 가보면 수많은 모임들이 있다. 그들은 자신의 정체를 드러내지 않는다. 알리려고도 하지 않는다. 알음알음 들어가고 나간다. 폐쇄적으로 움직이며, 그 안에서 자기들끼리 정보를 나누고 사귄다. 고급 정보란 알려지는 순간 가치가 떨어지기도 하기에 알릴 필요성도 느끼지 않는다. "명동에 있는 빌딩은 불황에도 끄떡없다. 그래서 매물이 거의 나오지 않는다. 나온다 해도 자기들끼리 팔고 산다." 명동에 빌딩을 갖고 있는 사람에게 들은 얘기다.

여러분의 인맥은 어떤가? 어떤 사람들을 주로 만나는가? 그 사람의 연봉을 알려면 그가 자주 만나는 사람들 연봉을 평균 내보면 알 수 있다. 그가 어떤 사람들과 주로 만나는지를 보면 그가 누구인지를 알 수 있다. 혼자만의 성공이란 있을 수 없다. 주변 사람의 성공이 바로 나의 성공이다. 그로 인해 좋은 기회가 생기고 멋진 정보를 얻기 때문이다. 인맥은 사회적 자산이다.

"지금까지 가난은 갖지 못한 것을 의미했다. 앞으로의 가난은 소속되지 못한 것이 될 것이다. 미래의 첫 번째 자산은 네트워크에의 소속이 될 것이다. 그것이 성공하는 삶의 우선 조건이 될 것이다." 미래학자 자크 아탈리의 말이다. 새겨들을 만하다.

나만의 브랜드가 있다

고수는 브랜드가 있고 하수는 브랜드가 없다. 지하상가에서 단돈 몇만 원에 살 수 있는 가방도 백화점에 가면 100만 원 넘게 주어야 살 수 있다. 브랜드 때문이다. 지명도가 떨어지는 시간 강사는 한 달 동안 열심히 일해 봐야 수십만 원 정도의 강사료를 받고, 그나마도 잘릴까 봐 눈치를 살핀다. 유명 강사는 시간당 수백만 원의 강사료를 받는다. 그래도 시간이 안 맞다, 거리가 멀다 하면서 큰소리를 친다. 정말 사는 게 천차만별이다.

같은 회사 안에서도 삶의 질은 천양지차다. 어떤 사람은 구조조정 얘기만 나오면 오금이 저린 반면, 그만둘까 봐 회사가 전전

긍긍하는 인재도 있다. 그가 없으면 조직이 휘청거린다. 어떤 사람은 사라져 주는 것 자체가 도움이 된다. 도대체 왜 그런 차이가 생기는 것일까? 개인의 역량 차이 때문이다. 조직에서의 성과 때문이다. 그 사람의 기여도가 누적된 결과 때문이다.

시대가 변했다. 평생직장 개념은 무너졌다. 대기업도 안정된 직장이 아니다. 직장보다 중요한 것이 직업이고 경력이다. 누구나 몇 번씩 직장을 옮기고 동시에 두세 개의 직업을 갖는 게 별로 이상하지 않은 시대가 왔다. 뚜렷한 전문성이 없는 것은 위험하다. 지금 힘들더라도 여기서 뭔가 배우고 익혀 수년 후 이 방면의 고수가 될 수 있다면 가치가 있다. 반대로 지금은 편하고 월급도 많지만 배울 게 없고 시간만 낭비하고 있다면 미래의 내 모습은 불안정할 것이다.

고수가 되기 위해서는 브랜드를 만들어야 한다. 브랜드는 하루아침에 만들어지지 않는다. 사람들이 대기업에 들어가려고 애를 쓰는 것도 대기업의 브랜드 덕을 보고 싶기 때문일 것이다. 작은 성과가 축적되어 브랜드가 되는데 그 핵심은 경력 관리이다. 그래서 늘 경력이란 단어를 염두에 두고 살아야 한다. 경력 관리는 생존의 문제다.

그렇다면 좋은 경력 관리란 무엇이고 어떻게 해야 할까?

우선 지금 하는 일에 열중해야 한다. 흔히 적성에 맞는 일을 찾는다고 하는데 그게 쉬운 일이 아니다. 이 일 저 일 하다 보면 서서히 자신이 어떤 사람인지 알 수 있다. 전제 조건은 지금 하는 일에 몰입하는 것이다. 그러다 보면 기회는 찾아온다. 무슨 일을 하느냐 보다 그 일을 얼마나 비범하게 하느냐가 더 중요하다. 그런 의미에서 너무 쉽게 포기하는 일은 피해야 한다. 잘못하면 평생 메뚜기처럼 여기저기 옮겨 다니다 세월을 다 보낼 수 있다. 천직이란 세월이 어느 정도 지나야 알 수 있다. 너무 멀리서 맞는 일을 찾지 말고, 지금 하는 일을 열심히 하는 것이 좋다.

그리고 나만의 주특기가 있어야 한다. 다른 사람이 하지 못하는 나만의 그 무엇이 있는가? 그렇다면 시장에서 오랫동안 살아남을 수 있다. 이를 위해서는 자신만의 이력서를 매년 써보아야 한다. 일류 대학을 나와 10년이 지나도 경력에 신경을 쓰지 않으면 쓸 거리가 없다. 대학을 나오지 않아도 경력에 신경을 쓰고 관리해 왔다면 몇 장으로도 부족하다. 핵심은 나만이 잘 하는 것을 만드는 것, 조직에 꼭 필요한 사람이 되는 것이다. 없어서는 안 될 사람은 구조조정 당하지 않는다. 현재 내가 잘 하는 것은 무엇일까? 나만이 할 수 있는 일에는 어떤 것이 있을까? 짚고 넘어가 볼 문제다.

경력 관리는 철저히 개인의 몫이다. 어느 누구도 대신할 수 없다. 목마른 사람이 먼저 우물을 파고 시장이 반찬이다. 무언가 배우겠다고 결심하면 사소한 것에서도 많은 것을 배울 수 있지만, 아무런 의욕이 없다면 중원의 고수가 나타나도 배우지 못한다. 그런 목마름이 있는가? 많은 사람들은 회사나 국가에 이 중요한 권리를 위임하고 있다. 비전이 없다고 불평하고, 왜 공부를 시켜주지 않느냐고 따진다. 비전이 없으면 나오면 되고, 공부는 자기가 알아서 하는 것이다. 뜻이 있으면 길은 있다. 할 마음만 있으면 방법은 얼마든지 있다.

경력 관리를 위해 어떤 노력을 하고 있는가? 내 분야에서 어느 정도의 위치를 점하고 있는가? 밥값은 하고 있는가? 하루하루 나아지고 있는가? 학교 졸업하고 제대로 공부해 본 경험은 얼마나 되는가? 내 일을 대신할 사람이 있는가? 아니면 현재 내가 하는 일은 누구나 할 수 있는가? 내가 회사 신세를 지고 있는가, 아니면 회사가 내 신세를 지고 있는가? 고객들은 나를 보고 오는가 아니면 회사를 보고 오는가?

늘 이런 질문을 던지고 자신을 갈고 닦아야 한다. 지금은 일자리가 부족해 회사가 갑甲이고 직장을 구하는 사람이 을乙의 모습이다. 하지만 지금도 특정 분야의 전문가는 부르는 게 값이다. 삼고초려를 해도 이 핑계 저 핑계를 대면서 가지 않는다. 확실한 주특기만이 미래의 생존을 보장한다. 우리는 개인브랜드 관리에 목숨을 걸어야 한다. 나의 미래는 그저그런 제품인가, 아니면 명품인가?

고수의 롤모델, 피터 드러커

나는 피터 드러커의 책을 거의 빠짐없이 읽었다. 그리고 늘 어떻게 인간이 이렇게까지 폭 넓은 지식과 지혜를 가질 수 있을까 감탄한다. 학문적으로는 물론, 실제 기업의 현실을 너무 잘 알고 있기 때문이다. 경영은 물론 정치, 경제, 인문학 등 다양한 분야에 대한 이해도 그의 강점이다. 그렇기 때문에 그를 단순히 경영학자로만 정의할 수는 없다. 지식인이 어때야 하는지, 지혜란 어떤 것인지도 그를 통해 배울 수 있다. 그야말로 중원의 고수란 어떤 사람인지를 드러커는 보여 주고 있다. 가정적으로도 행복했고, 또 건강하게 오랫동안 활동을 했다. 잭 웰치 회장에게 가장 큰 영향을 미친 사람이기도 하다. 한국 기업인 중에도 그의 영향을 받은 사람은 부지기수이다.

그는 가정적으로 탄탄한 배경을 갖고 있다. 아버지는 오스트리아에서 재무 장관을 지낸 사람이다. 덕분에 집에는 늘 여러 분야의 거목들이 드나들었다. 조세프 슘페터, 프리드리히 하이에크, 초대 체코 대통령 토마시 마사리크, 토마스 만, 존 케인즈 등이 그렇다. 어머니 쪽도 막강하다. 모친은 프로이드와 인연을 맺고 있었는데 어린 시절 프로이드와 악수한 사실을 그는 기억하고 있다. 그런 고수들과의 만남, 그들로부터의 자극, 부모들의 이야기, 그들의 책 등은 알게 모르게 드러커를 지적으로 자극했고, 자연스럽게 핏속에 용해되어 그런 거목이 탄생한 것이다.

그는 다양한 경험을 했으며 배우는 자세 역시 남달랐다. 그것이 오늘날의 드러커를 만들었다. 그는 여러 곳에서 다양한 일을 하며 지냈다. 오스트리아 태생이지만 독일의 대학에서 정치학을 공부한다. 나치가 정권을 잡자 영국으로 이주한 뒤, 거기서는 증권 회사에서 분석 일을 한다. 결혼을 한 후에는 미국으로 이민을 가 신문기자로 활동한다. 〈워싱턴포스트〉, 〈새터데이 이브닝포스트〉, 〈월스트리트저널〉에서 20년간 칼럼니스트로 활동한다.

그는 잡지사나 신문사가 부탁을 하기 전에 자신이 먼저 이런 기사를 쓰고 싶다는 제안을 했다. 매우 주도적이고 적극적인 사람이다. 신문사와 일을 하면서는 마감 시간 준수의 중요성을 배운다. 지식 노동자에게는 중요한 역량이다. 지식도 유통기간이 있는데 그는 늘 마감 시간을 인식했고 자신을 끊임없이 훈련했기 때문에 오랫동안 생명력을 유지했다.

이어 IBM에서 일을 한다. 여기서 기업의 가장 중요한 자원은 지식노동자란 사실, 노동력은 비용이 아니라 소중한 자원이란 사실을 배운다. 이어 18개월에 걸쳐 GM을 철저히 조사하는 프로젝트를 시작했는데 이 프로젝트가 드러커에게는 인생의 전환점이 되었다. 슬론Alfred P. Sloan 회장이 경영하는 것을 지켜보면서 경영이란 어떤 것인지 한 수 배웠다. 슬론은 탁월한 사람이다. 그래서 그의 책에는 유난히 슬론에 대한 얘기가 많다. 예를 들어, 슬론은 "이런 조언이라면 마음에 들겠지 하는 식으로 타협하지 않았으면 합니다"라고 드러커에게 말했다. 중요한 의사 결정에서 만장일치가 되면 그는 실행을 유보했다. 만장일치란 뭔가 충분히 고민하지 않은 결과라고 생각했기 때문이다. 그런 과정을 통해 드러커는 하루하루 성장했다. GM에서의 경험이 없었다면 오늘날의 드러커는 없었을 것이다.

그는 늘 새로운 곳에 도전했다. 그래야 기존의 지식도 빛이

나고 지식의 폭이 넓어진다고 판단했기 때문이다. 그가 하버드 같은 유명 대학의 요청을 뿌리치고 조그만 베닝턴 대학을 선택한 이유도 효과적인 학습을 위해서였다. 그곳에서는 자신이 좋아하는 것은 무엇이든지 가르칠 수 있었다. 배우는 데 있어서 가장 효과적인 방법은 직접 가르치는 것이라고 생각하던 그에게는 최고의 환경이었다. 그는 늘 3년마다 새로운 곳에 도전한다는 목표를 세웠고 실제 베닝턴 대학에서 이를 실천했다. 1942년부터 1949년까지 베닝턴 대학에 재직하면서 정치이론, 미국 정치, 미국사, 경제사, 철학, 종교 등 폭넓은 주제로 가르쳤으며 스스로 배운다는 의미에서 충실한 나날을 보냈다. 이 학교는 작은 학교였지만 모던댄스의 마사 그레이엄, 경제인류학자 칼 폴라니, 정신분석학자인 에리히 프롬, 건축가 리하르트 노이트라 등이 있어 지적 자극은 충분했다.

그는 시간을 헛되이 보내지 않았다. 일을 하지 않으면 책을 읽었다. 가장 잘 배우는 방법은 열심히 읽는 것이다. 확실한 계획을 세워 집중적으로 읽었다. 프로젝트를 끝낼 때마다 책을 써서 평생 30여 권의 책을 냈다. GE 등을 컨설팅한 경험을 바탕으로 쓴《경영의 실제》는 지금까지도 이 분야의 금자탑으로 인정받고 있다. 이 책으로 그는 매니지먼트를 '발명'했다는 말을 듣는다.

가장 빨리 배우는 방법은 가르치는 것이다. 가장 효과적으로 치열하게 일하는 방법은 자기만의 관점이 담긴 책을 쓴다는 목표로 치열하게 일하는 것이다. 주기적으로 관심 분야를 달리하면서 새로운 분야에 도전하는 것은 이처럼 최고의 학습 방법이다. 그는 이 모든 것을 다 활용함으로써 최고의 위치에 우뚝 섰다. 그는 책 쓰는 방법도 달랐다. 우선 머릿속으로 어떻게 책을 쓸지에 대한 청사진을 그린다. 그리고 이를 강의하듯이 녹음기에 구술한다. 비서는 녹음 내용을 타자기로 쳐서 옮긴다. 이를 보면서 몇 번이고 다시 쓴다. 그러면서 생각의 완성도를 높인다. 정말 탁월한 방법이 아닐 수 없다.

그는 자신의 강점과 약점을 잘 알고 있었고 강점에 집중해 성과를 거두었다. 자신이 원하는 것이 무언지를 늘 생각하고 그것에 따라 행동했다. 컨설턴트로서는 괜찮지만 조직 안에 들어가서는 일을 효과적으로 하지 못한다는 사실을 잘 알고 있었다. 드러커는 5~6년간 매주 토요일 오전 중에 맥킨지에 가서 컨설팅업이란 무엇인지에 대해 가르쳤다. 하지만 맥킨지와 일하지는 않았다. 여러 번 스카우트 제의를 받았지만 혼자서 일하는 것이 훨씬 효율적이라고 생각했기 때문이다. 하버드 같은 명문대학으로부터 네 번이나 초청을 받았지만 거절한 것도 자신이 원하는 일을 원하는 스타일대로 하고 싶었기 때문이다.

고수는 하루아침에 만들어지지 않는다. 대신 늘 다음 세 가지 질문을 던져야 한다. 나는 누구인가, 나는 어떻게 살기를 원하는가, 이를 위해 어떤 일을 해야 하는가? 드러커는 끊임없이 이런 질문을 던지면서 거기에 맞는 삶을 살았고 그 결과 경영학의 아버지가 되었다.

고수에도 급이 있다

최고경영자 과정을 할 때 CEO들이 가장 많이 물어보는 질문은 참석자들의 명단이다. 많은 사람들이 명단을 보고 판단한다. 노골적으로 내가 갈 곳이 아니라고 얘기하기도 한다. 자기 수준과 맞지 않는다는 것이다. 이처럼 사람에게는 급수가 있다. 서로가 본능적으로 라이트급인지 웰터급인지를 판단하고 비슷한 급의 사람하고만 놀려고 한다. 골프를 칠 때도 비슷한 사람끼리 쳐야 재미있다. 언더를 치는 사람이 보기 플레이어와 치면 서로 재미없다. 잘 치는 사람은 흥이 나지 않고 못 치는 사람은 미안하고 주눅이 들기 때문이다. 그래서 같이 놀려면 적당한 대가를 지불하는 게 좋다. 우리 같은 하수들이 프로 골퍼와 라운딩을 할 때는 돈을 낸다. 그게 예의다.

〈조선일보〉의 명칼럼니스트 조용헌 선생은 고수를 몇 단계로 나누어 얘기한다. 그의 말을 옮겨본다.

명리학命理學을 공부하는 과정을 보면 대강 3단계가 있다. 처음 단계는 '칼잡이' 단계이다. 다양한 문파門派를 기웃거리면서 여러 이론들을 섭렵하는 단계이다. 선생도 여기 저기 옮기면서 배워 본다. 대충 10년은 걸린다. 그 과정에서 여러 종류의 칼을 수집한다. 면도칼, 회칼, 부엌칼, 송곳, 단검 등등 여러 가지 칼을 가지고 있다. 이런 칼잡이들은 "나 칼 많아!"하고 은근히 자랑한다. 그러나 실전에서는 어느 칼도 시원치 않다. 70퍼센트는 칼잡이 단계에서 머문다. 20년을 공부해도 실전에 들어가면 힘을 못 쓴다.

둘째는 해머의 단계다. 그동안 수집한 칼을 버려야 해머를 지닐 수 있다. 칼을 버린다는 것은 고통스러운 과정이다. 자기를 정리해야 하기 때문이다. 잡다한 이론은 다 버리고 나름 실전에 응용할 수 있는 방식을 계발하는 단계이다. 이러면서 '자기류' 自己流가 성립된다. 10킬로그램 정도 나가는 해머만 어깨에 메고 강호를 유람하고 다닌다. 상대가 나타나면 해머로 무조건 한 방 가격한다. 해머급이 되면 총론에서는 틀리지 않는다. 저 사람은 서쪽으로 가야 한다고 했을 때 지금 갈 것인가, 조금 있다 갈 것인가를 판단하는 데에서 큰 실수는 하지 않는다. 명리학의 해머급은 20명 이내라고 추정하고 있다.

셋째, 번갯불의 단계이다. 해머를 휘두를 필요가 없다. 상대를 만나자마자 2,3초 내에 상대의 약점과 강점을 순식간에 읽어 낸다. 선문답禪問答도 질문 들어가는 즉시에 대답이 나와야 하는 것처럼, 운명 감정에 있어서도 3초가 넘어가면 번갯불이 아니다. 그야말로 전광석화다. 번갯불을 위해서는 6가지 신통력이 있어야 한다. 전생을 꿰뚫어 보는 숙명통, 다른 사람의 마음을 읽는 타심통, 축지법 같은 신족통, 멀리 떨어진 곳을 보는 천안통, 멀리 떨어진 곳의 소리를 들을 수 있는 천이통, 정액이 새지 않는 능력인 누진통이 그것이다.

중국에서 존경받는 손문은 사람을 8종류로 나누었다. 聖(성), 賢(현), 才(재), 智(지), 平(평), 庸(용), 愚(우), 劣(열)이 그것이다. 성은 글자 그대로 성인의 단계에 있는 사람이다. 현은 현명한 사람이다. 재는 재능이 있는 사람, 지는 기지가 있는 똑똑한 사람이다. 평은 평범한 사람이고 용은 용렬하고 조금 못난 사람이다. 우는 어리석은 사람이고 열은 글자 그대로 떨어지는 뭔가 부족한 사람이다. 머릿속에 그림이 그려질 것이다. 대부분은 평과 용에 속한다. 비즈니스를 하는 사람 중에는 재ォ가 많다. 재주가 많

기 때문에 자기 사업을 하면서 돈을 번다. 그렇게 폼을 잡고 거들먹거리다 한 방에 훅 가기도 한다. 그렇다. '재'만을 믿어서는 안 된다. 승승장구하기 위해서는 지^智를 높여야 한다. 임원이나 일급 컨설턴트들은 '지'를 가진 사람이다. 그들은 현^賢을 가진 사람과 사귀던지 아니면 삼고초려를 해야 한다. 서로가 서로를 보완하는 격이다.

근데 이 분류는 직렬식이 아니라 원으로 되어 있다. 최상위인 성과 최하위인 열이 서로 연결되어 있다. 즉, 성^聖은 부족한 열^劣을 섬기는 사람이다. 테레사 수녀 같은 사람이다. 혼자만 잘났다고 생각하는 사람은 하수란 의미다. 뭔가 부족한 사람에게 도움이 될 때 진정한 고수다.

그렇다면 어떻게 이런 고수가 될 것인가? 미국의 철학자, 휴버트 드레이퍼스^{Hubert Dreyfus} 박사는 전문가에 이르는 과정을 다섯 단계로 나누어 설명한다.

첫째, 초심자^{Novice} 단계다. 말 그대로 초심자다. 배운 규칙을 철저하게 지킨다. 상황에 대한 지각이 없고 신중한 판단을 할 수 없는 단계다. 운전을 처음 배우는 사람을 보면 연상이 된다. 그야말로 앞만 보면서 운전한다. 액셀과 브레이크를 교대로 밟고 앞을 뚫어지게 보는 것 외에는 아무것도 생각하지 않는다. 주변을 전혀 보지 못한다.

둘째, 초급자Advanced beginner 단계다. 약간의 경험을 했기 때문에 상황을 조금은 인식한다. 모든 특성이나 측면을 분리하여 생각한다. 운전으로 말하면 옆은 볼 수 있는 단계다.

셋째, 일정 수준에 오른Competent 단계다. 부분적으로나마 다소 긴 관점에서 본다. 의식적이고 의도적인 계획을 세우고 표준화되고 일상화된 절차를 사용한다.

넷째, 숙달된Proficient 단계다. 상황을 총체적으로 본다. 이 상황에서 무엇이 중요한지 안다. 정석에서 벗어난 것을 안다. 상황에 따라 다른 행동 지침을 사용한다.

다섯째, 전문가Expert 단계다. 규칙이나 지침에 더 이상 의존하지 않는다. 깊은 암묵적 이해에 기초해 상황을 직관적으로 파악한다. 진기한 상황이나 문제가 발생했을 때만 분석적 접근을 한다.

처음부터 고수인 사람은 없다. 누구나 처음에는 초보자다. 일정 단계를 거치면서 고수로 도약한다. 처음 단계는 닥치는 대로 배우는 단계다. 대학 졸업하고 직장에 들어가 새로운 분야를 맡았을 때가 이 단계다. 회사를 옮기기도 하고 회사 내에서 부서를 옮기기도 하면서 이것저것 배운다. 상사로부터 고객으로부터 깨지면서 다양한 사회 경험을 한다. 그러면서 한 분야에서 일정 경지에 오른다.

"지혜가 커지면 지식은 줄어든다. 구체적인 지식은 모두 원칙 속에 포함되기 때문이다. 중요한 지식은 그때그때 얻을 수 있지만 지혜를 얻기 위해서는 잘 알고 있는 원칙을 적극적으로 활용하는 습관이 필요하다." 영국의 철학자, 알프레드 화이트헤드의 말이다.

2장

고수, 그들의 방식

미리미리

고수는 일이 없을 때 사람을 만난다. 하수는 일이 생겨야 사람을 만난다. 그러니 일이 풀리지 않는다.

난 미리미리란 단어를 좋아한다. 미리미리 일 처리하는 사람을 좋아한다. 미리미리 일하는 것을 좋아한다. 원고는 늘 마감 전에 넘긴다. 어떤 경우는 너무 빠르다면서 상대가 놀라기도 한다. 강의 때는 적어도 한 시간 전에는 도착한다. 그래야 변수에 대비할 수 있다. 강사료 지급하는 걸 보면 회사 수준을 알 수 있다. 일류 회사는 사전에 서류를 부탁하고 끝나자마자 강사료를 지급한다. 후진 회사는 강의가 끝난 후 서류를 부탁하고 잊을 때쯤 강사료를 입금한다. 그쪽이 잊고 있어 내가 확인을 하는 경우도 있다. 여러분은 미리미리 하는 스타일인가?

마케팅 잡지 〈유니타스〉의 권민 대표는 40대 중반의 나이에 의류 관련 최고의 컨설턴트가 됐다. 새로운 브랜드를 여러 개 론칭했고, 책도 많이 썼다. 지금은 〈유니타스〉 잡지의 편집장을 하고 있다. 이미 그 분야에서 일정 경지에 올랐다. 그가 젊은 나이에 성공한 것은 미리미리 준비를 했기 때문이다. 《자기다움》이란 책을 보면 그는 제안서를 늘 세 개 준비했다. 상사가 원하는 것, 자신이 쓰고 싶은 것, 고객이 원하는 것. 보통 사람들이 볼 때는 미친 짓이다. 하나 하기도 바빠 죽겠는데 뭘 세 개씩이나 쓰고 있나. 하지만 그런 준비 끝에 여러 기회가 온 것이다.

추신수는 파이브툴 플레이어다. 정확성, 장타력, 송구, 수비, 스피드. 이 다섯 가지 면에서 모두 뛰어난 기량을 발휘하는 선수라는 말이다. 재능도 있지만 인내와 성실 덕분에 성공했다. 그는 만족을 모른다. "저는 항상 10이 완벽하다고 하면 10을 넘기 위해 11에 도전하는 사람이고, 11에 도달했을 때는 12를 위해 가는 사람이기 때문에 만족을 못 하겠어요."

독한 연습벌레이기도 하다. "후회하고 싶지 않기 때문입니다. 타격 연습을 할 때도 몇 개를 쳤는지 세지 않고 그냥 해요. 멈

출 수가 없는 거죠. 사람들은 제가 어쩌다 친 홈런만 기억합니다. 그 홈런이 있기까지 안타에 그친 적도 많고 파울볼이나 배드볼을 친 적이 비교할 수 없을 만큼 많아요.” 그는 마이너리그 시절은 물론 메이저리그로 옮긴 후에도 가장 먼저 경기장에 나가는 선수라는 별명을 갖고 있다. “네, 맞아요. 경기장에 가장 먼저 나가요. 저는 항상 준비되어 있는 것을 좋아해요. 서두르는 것을 싫어해요. 짐을 쌀 때도 3일 전부터 가방을 열어 두고 하나씩 하나씩 생각날 때마다 넣어 둡니다.”

출장보고서도 미리미리 써야 한다고 생각한다. 박찬원이란 사람이 쓴 《당신이 만들면 다릅니다》란 책을 보고 반가웠다. 같은 생각을 하는 사람을 만났기 때문이다. 일부를 옮겨 본다.

“출장보고서는 출장 전에 써야 한다. 출장 전에 자료를 조사해 보면 미리 윤곽을 잡을 수 있다. 과거 출장보고서, 신문잡지 기사, 책에 나온 사항을 미리 챙겨보면 된다. 이런 자료를 토대로 출장시 과제를 구체화할 수 있다. 꼭 보고 듣고 판단해야 할 사항을 정할 수 있다. 출장 가서 확인해야 할 사항, 물어보아야 할 사항, 조사해야 할 사항을 구체화해야 한다. 그렇지 않으면 출장 안 가도 알 수 있는 기본 사항만 파악하고는 끝나기 십상이다. …… 해외 출장은 출장 가서 조사하는 것이 아니라 출장 가기 전에 조사를 끝내고 현지에 가서 확인하는 것이다. 회사와 자신에게 도움이 되는 출장이 되려면 출장 전에 미리 자료 조사를 통해 보고서의 줄거리를 잡고 출장을 가서는 미지의 세계를 파악하느라 시간을 허비할 것이 아니라 구체적인 조사 목표를 정해 집중적으로 파고들어야 한다. 이렇게 조사를 하면 출장 때마다 한 건 건질 수 있다. 미리 준비하면 그만큼 얻을 수 있다."

이러한 '미리미리'의 최고봉은 부산에 있는 리노공업이다. 반도체를 만드는 기업이다. 예전 이 회사에 강의를 간 적이 있다. 곳곳에 'MIRI MIRI'란 말이 붙어 있다. 무슨 말이냐고 묻자 직원은 이렇게 답했다. "사장님 철칙입니다. 사장님은 '미리미리'란 말을 제일 좋아합니다. 뭐든 미리 하라고 주문하세요. 연구개발도 미리미리, 고객 접대도 미리미리, 대리점 사장님과의 관계 개선도 미리미리. 우리 회사 사훈 같은 말입니다." 그 말을 들으며 강사료가 먼저 입금되었다는 사실을 발견했다. 그동안 3천 번 넘게 강의를 했지만 강의 전에 강사료를 입금한 회사는 이 회사가 유일하다. 이 회사는 영업이익률이 제일 좋은 상장사 중하나다. '미리미리'와 이익 사이에는 분명 상관관계가 있다.

친구들이 퇴직하면서 "뭐 할만한 게 있느냐"는 질문을 많이 한다. 요즘 뭐가 뜨느냐는 말이다. 난 모른다고 답한다. 요즘 뜨는 것과 그 친구 사이에는 상관관계가 없고, 그런 일을 해봤자 말아먹을 것이 확실하기 때문이다. 아무 준비가 되지 않은 선수에게 그런 일은 신용불량자로 가는 첩경일 뿐이다. 준비와 기회가 만나 성공을 만든다고? 난 동의하지 않는다. 기회는 아무에게나 오는 것이 아니다. 기회는 결과물이다. 열심히 최선을 다해 성과를 낸 사람에게만 오는 특성이 있다. 빈둥거리고 어영부영하고 매일 지각하고 시원찮게 일을 하는 사람에게 기회는 영원히 오지 않는다. 기회는 그런 사람에게 아예 접근할 생각이 없다.

하나에 무섭도록 집중한다

고수들은 적게 일하고 많이 번다. 하수들은 오래 일하지만 적게 번다. 고수는 남들이 하지 못하는 일, 대체할 수 없는 일, 그 사람이 아니면 할 수 없는 일을 한다. 하수는 누구나 할 수 있는 일을 한다. 처음부터 고수가 될 수는 없다. 남들과 다르기 위해서는 오랜 시간의 경험과 학습 그리고 지식 축적이 필요하다. 이를 위해서는 집중력이 관건이다. 시간을 집중하고, 자원을 집중하고, 정신력을 집중할 수 있어야 한다. 집중할 수 있으면 고수, 집중하지 못하면 하수다. 당신은 어떠한가?

집중을 위해서는 할 일보다 하지 말아야 할 일을 먼저 정해야 한다. 사람들은 반대로 한다. 이것도 해야 하고, 저것도 하려고 한다. 결국 일에 치여 아무것도 못한다. 지레 지친다. 모든 것을 하려는 사람은 아무것도 못하는 법이다. 정리정돈의 개념이 필요하다. 하수들은 집이 복잡하다. 온갖 것들로 차고 넘치고 지저분하다. 다 필요하다고 생각하기 때문에 버리지 못한다. 고수들은 집이 깨끗하다. 단순하다. 꼭 있어야 할 것들만 있다.

처음부터 이 단계가 될 수는 없다. 복잡한 단계를 거쳐야 단순한 단계에 이를 수 있다. 사람의 성장 과정도 그러하다. 애기들은 번잡하다. 온갖 것에 다 관심이 있다. 호기심 덩어리다. 닥치는 대로 입에 넣고 만진다. 그러다가 커가면서 차분해진다. 초년에는 세상 경험을 위해 다소 바쁘게, 힘들게, 번잡하게 사는 것도 괜찮다. 아니 그래야 한다. 그래야 자신에 대해 세상에 대해 많은 것을 알 수 있다. 여기저기 돌아다니고, 다양한 책도 읽고, 여러 사람도 만나고, 조직 생활도 하면서 경험을 축적해야 한다. 그러다 보면 서서히 내가 무얼 좋아하고 잘 하는지, 뭘 해야 하는지, 하지 말아야 하는지 보인다.

서서히 하지 말아야 할 일을 걸러 내야 한다. 그래야 절대시간을 확보할 수 있고 쓸데없는 일에 에너지를 허비하는 일이 줄어든다. 남는 시간을 자신이 잘 하는 일, 하고 싶은 일, 잘 할 수 있는 일에 집중해야 한다. 자신을 갈고 닦아 그 분야에서 일류로 자리매김해야 한다. 다재다능한 사람이 성공하지 못하는 것은 집중력 부족 때문이다.

먹이사슬 위에 있는 동물일수록 일하는 시간이 적다. 대신 일할 때 집중해서 한다. 맺고 끊는 게 분명하다. 자신이 할 일과 하지 말아야 할 일에 대한 인식이 확실하다. 그러기 때문에 할 일을 생각하기 전에 하지 말아야 할 일을 먼저 생각해야 한다. 누구에게나 시간은 한정적이다.

"집중이란 집중할 일에 예스라고 답하는 것이 아니다. 다른 좋은 아이디어 수백 개에 노라고 말하는 게 집중이다. 실제 내가 이룬 것만큼이나 하지 않은 것도 자랑스럽다. 혁신이란 고만고만한 생각 천 가지를 퇴짜 놓는 것이다." 스티브 잡스의 말이다.

순수한 마음으로 즐기는 자세가 필요하다. 그냥 좋은 것이 가장 좋은 것이다. 일도 그러하다. 돈이 되기 때문에, 그 일의 전망이 좋아서, 그 일을 하면 폼이 나서 일을 좋아하면 금방 싫증이 날 수 있다. 돈이 되지 않는 순간, 전망이 나빠지는 순간 흥미를 잃을 수 있다.

대부분의 고수들은 무슨 목적을 갖고 일을 하지 않는다. 그냥 좋아서 끌려서 일을 한다. 박완서 선생은 유명해지기 위해 소설을 쓰지 않았다. 이승엽이 돈만을 위해 운동을 하는 게 아니다. 그 자체를 좋아하고 과정 자체를 즐긴다. 야구 천재 이치로도 그렇다. 그는 결과보다는 과정을 소중히 한다. 과거나 미래보다 지금에 집중한다. 가장 중요한 것은 지금이다. 모든 것을 버리고 지금이라는 순간에 의식을 집중한다. 최대 관심은 타율이 아니라 안타수다. 하나씩 안타를 쌓아간다는 목표를 세우고 있다. 결과를 의식하지 않는다. 어떤 결과가 나와도 상관없다고 생각한다. "나와 타인을 비교하면 일류가 될 수 없습니다." 이치로의 말이다.

골프선수 최경주도 비슷한 경험이 있다. 2007년 AT&T 대회 3라운드가 끝났을 때 선두에 2타 뒤지고 있었다. 그날 밤 아내가 최경주에게 성경 구절을 읽어보라고 했다. 요한복음 15장 16절이다.

"너희가 나를 택한 것이 아니요 내가 너희를 택하여 세웠나니 이는 너희로 가서 과실을 맺게 하고 또 너희 과실이 항상 있게 하여 내 이름으로 아버지께 무엇을 구하든지 다 받게 하려 함이니라."

그는 자기 전 두 시간 동안 그 구절을 외웠다. 그런데 시합이 시작되자 기억이 나지 않는다. 너무 긴장을 했기 때문이다. "너희가"라는 첫 구절만 생각났다. 그렇다고 볼을 치지 않을 수는 없으니 계속 기억을 되살리면서 경기를 했다. 2, 3, 4번 홀 계속 그랬다. 스코어카드 기록은 아예 캐디에게 맡기고 경기를 했다. 오로지 다음 구절이 뭐였지 떠올리려 애썼다. 그러다 15번 홀에서 전광판을 봤는데 자기 이름이 1등에 있는 것이 아닌가. 그 순간 신기하게 성경구절이 생각났다. 17번 홀에서는 그림 같은 벙커샷이 홀인을 해서 버디를 잡았고 결국 우승을 했다. 만약 1번 홀부터 성경구절이 생각났다면 어땠을까? 그럼 온갖 생각을 다하며 공을 쳤을 것이다. "이 홀에선 이렇게 쳐야지, 저 홀에서 저렇게 쳐야지……." 그리고 선두와 승부에 대한 엄청난 중압감, 미디어와 경쟁자들이 주는 압박감에 시달렸을 것이다. 까먹은 성경구절 덕분에 중압감을 안 느끼고 공을 칠 수 있었던 것이다.

스마트폰은 블랙홀이다. 모든 사람들의 시간과 정력을 미친 듯이 빨아들인다. 사람들은 화면을 들여다보느라 정신을 차리지 못한다. 카톡으로 시간을 마구 태운다. 다른 사람과 교류하고, 검색하고, 동영상보고, 뉴스를 보느라 뭉텅이 시간을 허비한다. 전혀 집중하지 못한다. 시간이 너무 아깝다.

고수가 되고 싶은가? 하지 말아야 할 것은 하지 말라. 그리고 해야 할 일, 잘 하는 일에 시간과 자원을 집중하라.

"초점을 맞추기 전까지 햇빛은 아무것도 태우지 못한다." 알렉산더 벨의 말이다.

몰입의 능력

당신은 지금 어떤 주제에 꽂혀 있는가? 그 주제를 공부하기 위해 집중적으로 시간과 비용을 투자하는가? 마음은 있지만 몸은 움직이지 않는가? 누구나 잠재 능력은 있다. 어느 순간 발현될 가능성이 있다. 중요한 것은 얼마나 자주 몰입하느냐다. 그런 환경을 만들어 거기에 자신을 던질 수 있느냐이다. 고수에게는 몰입하는 능력이 있다. 어느 순간 모든 것을 버리고 그 주제에 몰입한다. 미친 듯이 그것만을 공부하고 거기에 미쳐 지낸다. 그러면서 고수가 된다. 불광불급不狂不及이다.

바람의 딸 한비야는 그 방면의 대표 선수다. 그는 수시로 기존의 판을 엎고 새로운 삶을 위해 출발한다. 좋은 직장을 버리고 세계여행을 떠나고, 글을 써 베스트셀러 작가가 되어 유명해졌지만 홀연히 중국으로 유학을 떠난다. 그러다 구호단체에서 일하기 위해 자기의 전부를 걸고, 또 유엔으로 옮겨가고 …… 참으로 부럽기 그지없다. 그녀의 얼굴을 보면 맑고 에너지가 넘친다.

이런 그녀의 비결 중 하나는 탁월한 몰입에 있다. "나는 한 가지 일에 몰두하면 잠은 안 자도 되고, 라면만 먹고 살아도 된다. 한정된 시간과 에너지를 한 곳으로 몰아주는 거다. 인생에 아궁이가 다섯 개라고 치자. 장작을 다섯 아궁이에 골고루 나누어 때면 죽도 밥도 안 된다. 한 아궁이에 모두 몰아줘야 가마솥에 물이 끓지 않겠나." 그녀의 말이다.

《로마인 이야기》의 저자 시오노 나나미도 그렇다. 그녀의 책은 남다르다. 2천 년 전의 로마의 이야기를 어떻게 이렇게 생생하게 사실적으로 그릴 수 있는지 신기하다. 이유가 있다. 그는 역사적 인물을 묘사할 때 그의 안으로 들어간다. 가령 네로 황제를 묘사할 때, 사람들은 그는 나쁜 사람이고 폭군이라고 미리 정해놓고 분석을 시작한다. 그러나 시오노 나나미는 네로 황제가 되어 본다. 왜 네로가 그런 짓을 했을까? 왜 그럴 수밖에 없었을까? 네로의 행동을 가져 온 여러 가지 다양한 원인들을 생각해 본다. 그러면서 그의 인간 본성을 탐구한다. 그의 글이 생생한 이유다. 한 마디로 글을 쓰는 동안에는 일체의 딴짓을 하지 않고 글만 생각하는 것이다. 이게 몰입이다.

영화배우에게도 몰입은 중요하다. 일류 배우는 몰입의 대가다. 2013년 아카데미 남우주연상은 링컨을 연기한 대니얼 데이 루이스에게 돌아갔다. 통상 세 번의 아카데미상을 받는 진기록이다. 그는 영화를 찍기 전 자기가 맡은 인물에 완전히 몰입하는 것으로 유명하다. 뇌성마비 예술가의 삶을 눈물겹게 표현한 영화 〈나의 왼발〉을 찍을 때는 휠체어에서 꼼짝도 않고 식사나 자리 이동을 모두 스태프들의 도움으로 했다. 완벽하게 뇌성마비 환자처럼 행동한 것이다. 〈라스트 모히칸〉 촬영 때는 알라바마 오지에서 야영 생활을 하며 실제 모히칸처럼 사냥해 잡은 음식만을 먹기도 했다.

처음에 그는 링컨 역을 고사했다. 하지만 스필버그 감독은 포기하지 않았다. 대니얼 데이 루이스가 아니라면 영화를 찍지 않겠다고 생각하면서 자그만치 8년을 기다렸다. 마침내 이를 승낙한 대니얼은 스필버그 감독에게 1년의 시간을 청했다. 링컨을 흉내 내기 위한 시간이 아닌 정말 링컨이 되기 위한 시간이 필요했던 것이다. 그는 자신이 맡은 역할에 완전히 동화돼 실제 그 인물처럼 말하고 행동한다. 그 과정에서 내면의 감정까지 끌어

내어 연기한다. 그만큼 매섭게 배역에 몰입한다는 뜻이다.

"시간을 두고 천천히 캐릭터에 빠져들다 보면 정말 그 인물이 돼가는 듯한 느낌을 받습니다. 그럴 때면 문득 그 인물의 목소리가 제 귀에 들려오죠. 환청과는 다른 얘깁니다. 그 인물이 저에게 말을 건네는 거죠. 이번에도 마찬가지였습니다. 그 목소리를 제 내면의 귀로 듣고 조금씩 따라 해보는 과정 속에서 링컨의 연기도 탄생했습니다."

탤런트 김혜자 씨도 그런 고백을 한다. "저는 한 가지밖에 못 해요. 연기를 하는 동안은 늘 그 사람에 대해 생각하고, 그 사람이라면 어떻게 행동할까 연구합니다. 생활에서도 이는 연장됩니다. 가장 손해를 많이 보는 것은 가족들입니다. 워낙 연기에 몰입하기 때문에 다른 사람이 하는 말도 들리지 않아요. 그러다 보니 쓸데없는 오해도 많이 받아요. 이기적이다, 다른 사람의 말을 듣지 않는다 등등의 말을 많이 들었습니다." 이러한 몰입 덕분에 오늘날의 그녀가 있는 것이다.

많은 사람들은 하루 종일 주의가 산만하고, 100퍼센트 몰두하지 못하며, 정신세계가 부재한 상태에서 지낸다. 정신과 육체가 동시에 동일한 장소에 있는 경우가 드물다. 그러니 성과가 나지 않는다. 고수들은 몰입해야 할 때 완전히 몰입한다. 다른 것

을 다 잊고 지금 하는 일, 현재 있는 장소에 집중한다. 그래서 고
수가 된다.

자신만의 루틴을 만든다

하수들은 생활이 불규칙하다. 변수가 많다. 일관성이 떨어진다. 쓸데없는 약속이나 이벤트가 많다. 차분히 앉아 있지 못한다. 계속 전화가 오고 전화가 없으면 이쪽에서 전화를 건다. 가만있지를 못하고 자꾸 약속을 만든다. 온갖 모임에 다 출두한다. 오라는 곳, 오지 말라는 곳, 갈 곳과 가지 말아야 할 곳을 불문하고 다 참석한다.

감투 쓰는 것도 좋아한다. 점점 생활은 복잡해진다. 점심 저녁 약속이 꽉 차 있고 어떤 날은 두세 탕씩 뛰기도 한다. 국회의원에 출마하는 사람 같다. 바쁘다는 말을 입에 달고 산다. 도대체 누구를 위해, 왜 그렇게 사람을 만나고 바쁜지는 생각하지 않는다. 무언가 엄청난 일을 하는 것 같지만 실은 눈에 띄는 결실이 없다. 반면 고수들은 생활이 심플하다. 잡다한 약속이 없다. 규칙적이다. 쓸데없는 일에 시간과 정력을 빼앗기지 않는다. 할일이 명확하다. 리듬 깨지는 것을 싫어한다. 일을 할 때는 온전히 일에만 집중한다. 그들만의 루틴이 있다.

2005년 〈웰컴투 동막골〉로 대한민국 영화대상 음악상을 수상한 영화음악의 대가 히사이시 조는 17장이 넘는 솔로 앨범을 발표했고 〈이웃집 토토로〉, 〈원령공주〉, 〈센과 치히로의 행방불명〉 등 다수의 영화음악을 작곡했다. 그는 자신의 책《감동을 만들 수 있습니까》에서 이렇게 말했다.

"프로란 계속해서 자신을 표현할 수 있는 사람입니다. 일류와 이류의 차이는 자신의 역량을 계속 유지할 수 있느냐 없느냐에 달려 있지요. 또 어떤 상황에서도 집중력을 유지할 수 있어야 합니다. 일관성이 있어야 합니다. 어느 날은 괜찮고 어느 날은 그렇지 않다면 프로가 아닙니다. 그런 의미에서 기분에 자신을 맡기는 것은 위험합니다. 순간적인 기분에 의존하면 연주가가 갖추어야 할 긴장감을 유지할 수 없습니다. 페이스 조절을 위해서는 일상생활을 그렇게 해야 합니다. 최대한 규칙적이고 담담하게 살려고 노력해야 합니다. 저는 프로젝트를 받으면 납기 안에 완성하기 위해 매일 어느 정도 일을 할지 생각합니다. 기분에 상관없이 꾸준히 일을 하지 않으면 납기를 지킬 수 없습니다. 장거리를 뛰기 위해서는 페이스를 무너뜨리지 말아야 합니다. 일정한 페이스로 일에 집중할 수 있는 환경을 만들고 마음가짐도 갖추어야 합니다."

보통 음악가 하면 술 마시고, 자고 싶을 때 자고, 일어나고 싶을 때 일어나고, 내키면 일하고 내키지 않으면 일하지 않는다는 우리들의 고정 관념을 완벽하게 부수는 말이다. 핵심은 루틴이다.

요즘 동시에 몇 권의 책을 쓴다. 많은 글을 쓰려면 생활이 심플해야 한다. 저녁 약속이 있거나 늦게 자거나 술을 마시면 리듬이 깨진다. 완전 승려의 생활과 다름없다. 예전엔 술도 좋아하고 모임도 제법 많았다. 요즘은 저녁 약속을 거의 하지 않는다. 주로 점심으로 대체한다. 새벽에 일어나 글을 쓴다. 글을 쓰다 지치면 헬스장에 가서 운동을 한다. 점심을 먹고 서점에 가거나 영화를 본다. 아니면 산책을 한다. 책을 읽거나 읽은 책의 주요 대목을 입력하거나 신문을 본다. 분위기를 바꾸기 위해 수시로 차를 마신다. 보이차, 우롱차, 녹차, 연잎차, 메밀차, 커피 등등. 차를 마시며 음악을 듣는다. 낮잠도 즐긴다. 저녁을 먹고는 가족들과 논다. 9시쯤 잠자리에 든다. 완전 새나라의 어린이다. 따분해 보이지만 즐겁다. 성과도 제법 난다.

당신의 생활은 어떠한가? 매일매일이 달라 뭐라 꼬집어 얘기하기 곤란한가? 아니면 규칙적인가? 지금의 생활 패턴으로 원하는 성과를 낼 수 있는가? 바꾼다면 어떻게 바꾸고 싶은가?

"하는 일에 대해 생각하는 힘을 길러서는 안 된다. 오히려 정반대여야 한다. 문명은 무엇을 하는지 생각하지 않고 행동할 때 그리고 그런 횟수가 많아질 때 진보해 왔다." 위대한 철학자 화이트헤드의 말이다. 매 순간 무언가를 의식하고 행동하면 너무 많은 에너지를 사용하게 된다. 무의식적인 나름의 의식이 필요하다. 좋은 습관과 이를 실천할 수 있는 루틴이 핵심이다. 매일 아침 뭔가를 하기로 결심한다면 그 자체로 이미 실패다. 억지로 하는 결심은 에너지를 빼앗기 때문이다.

범죄자가 또다시 범죄를 반복하는 것은 습관 때문이다. 악습을 버리지 못하기 때문이다. 명망 있는 집안이 대를 이어 인재를 내는 건 우성유전자나 경제·사회적 기득권 때문만은 아니다. 좋은 습관이 대물림되기 때문이다. 사람은 쉽게 변하지 않는다. 고수의 삶에는 특별한 노하우가 없다. 고수는 나쁜 습관을 계속 버리고, 좋은 습관을 몸에 익힐 수 있는 능력이 있는 사람이다. 하수는 나쁜 습관을 버리지 못하고 반복하는 사람이다. 남산에서 담배 피우는 노인을 보며 든 생각이다.

디테일이 강하다

세계적인 컨설턴트 톰 피터스는 리더의 4가지 역할로, "최고가 되려는 신념, 디테일에 대한 집념, 창의성 응원, 실패에 대한 지원"을 꼽는다. 그중 디테일에 대한 집념이 눈길을 끈다. 나도 그 부분을 적극 지지한다. 고수들은 대부분 디테일에 강하다. 대충 하고 얼렁뚱땅 지나가는 고수는 없다. 그래서 보통 사람들은 이런 면을 이해하지 못한다. 그리고 한 마디 한다. "뭘 저렇게까지 하나, 대강 하지. 저래서야 피곤해서 어떻게 살까?" 하지만 모르는 소리이다. 그렇게 디테일에 집착했기 때문에 인정을 받고 오늘날 고수 대접을 받는 것이다. 그렇다면 왜 디테일이 그렇게 중요한 걸까?

첫째, 사업의 승부는 비전이나 전략 같은 큰 아젠다보다는 디테일에서 결정 나는 경우가 많기 때문이다. 그래서 디테일이 중요하다. 어느 회사나 비전과 전략은 비슷비슷하다. 고객만족 같은 구호가 대표적이다. "우리 회사는 고객만족 따위는 신경 쓰지 않습니다"라고 얘기하는 간이 부은 회사는 없다. 중요한 것은 실제 고객들이 이를 체감하고 있느냐인데 이것은 디테일에서 승부가 난다. 주차장 문제, 콜 센터 등이 그렇다.

단적으로, 주차장에 들어가면 그 회사 수준을 알 수 있다. 모 전자상가는 장사가 안 되기로 유명하다. 휴일에도 대부분의 가게가 파리를 날린다. 하지만 주차할 데가 없다. 주차하기 편한 지하 1층과 2층은 평일에도 대부분 만석이다. 그곳에 직원들이 먼저 주차하기 때문이다. 고객들은 불편을 감수하고 지하 5층이나 6층까지 내려가야 한다. 말로는 "고객이 제일이다!"라고 떠들지만 주차장을 보면 "우리는 고객의 편의 따위는 신경 쓰지 않습니다"라고 외치는 셈이다.

반면 강남의 모 백화점은 주차 천국이다. 우선 주차장이 넓다. 입구부터 촘촘히 직원들을 배치해 운전자들이 빈 곳을 찾아 이동할 필요가 없다. 별 것 아닌 주차장 하나에서 큰 차이가 난다. 하지만 대부분의 경영자들은 주차장에 관심이 별로 없다. 기사들 덕분에 고객들의 불편을 잘 모르기 때문이다.

콜 센터도 그렇다. 한없이 번호를 누르게 하는 콜 센터가 있다. 결제 수단 선택, 신용카드 번호 입력, 카드 유효기간을 연월 순으로 입력하고, 비밀번호 앞 두 자리를 입력하고, 주민번호 뒤 일곱 자리를 입력하고……. 이 정도 숫자를 틀리지 않고 제대로 누르기 위해서는 정말 초인적인 능력이 필요하다. 나 같은 사람은 상담원과 연결되기 전에 전화를 끊는다. 고객만족을 위해 있는 콜 센터가 고객 가슴에 불을 지르는 셈이다. 대부분의 기업은 주차장과 콜 센터를 아웃소싱하고 있다. "그런 건 저희 비즈니스에 별로 중요하지 않거든요"라는 그들의 생각을 그대로 보여 주는 모습이다.

둘째, 디테일이 강해야 제대로 된 관리를 할 수 있기 때문이다. 아무리 많이 벌어도 버는 것보다 쓰는 것이 많은 개인과 조직은 살아남지 못한다. 반면 버는 것이 다소 적고 이익률이 낮아도 관리를 잘 하면 지속 가능하다. 승승장구하던 벤처기업들이 무너진 이유 중 하나는 관리 소홀 때문이었다.

'삼성'하면 누구나 '관리의 삼성'을 연상한다. 어떤 이들은 부정적으로 생각한다. 너무 철저한 관리가 창의성을 죽일 수 있고 사람들을 숨 막히게 한다는 생각 때문이다. 물론 일리가 있다. 하지만 나는 반대의 질문을 던지고 싶다. 만약 이병철 회장이 관리를 대충했다면 오늘날 삼성이 과연 존재할 수 있을까? 그는 디테일에 관한 한 입신의 경지에 이른 사람이다. 작은 시그널에서 큰 징후를 읽는 능력을 지녔다. 그가 공장을 방문할 때 세 가지를 봤다는 얘기는 유명하다. 현장의 청결 상태, 공장 앞 나무들의 건강 상태, 기숙사의 정리정돈 여부. 그 정도 보면 현지 직원들의 정신 상태, 충성도, 만족도 등을 어느 정도는 눈치챌 수 있었다.

KD그룹은 대한민국 최대 규모의 종합 버스회사 그룹이다. 보라색 버스는 다 이 회사 소속이다. 운수업은 특성상 이익률이 1~2퍼센트밖에 되지 않는다. 그래서 많은 운수회사가 도산하고 사업을 포기한다. 하지만 이 회사는 철저한 관리를 통해 승승장구하고 있다. 우선 연료 절감에 목숨을 건다. 연비를 높이기 위해 일체의 불필요한 물건을 싣지 않는다. 60억을 투자해 철제 휠(48킬로그램)을 알코아 휠(23킬로그램)로 바꾸었는데 2년 만에 본전을 뽑았다. 심지어 몸무게가 많이 나가는 기사의 채용을 꺼릴 정도다. 또 보험료를 줄이기 위해 운전자들을 주기적으로 교육하고 평가와 보상도 연비와 보험료에 연계해 하고 있다. 이처럼 사소한 것을 잘 관리해 발전하고 있다. 티끌 모아 태산이다. 티끌을 모으지 않으면 태산도 없다.

셋째, 디테일이 강해야 리스크를 줄일 수 있기 때문이다. 사람은 큰 돌에 걸려 넘어지지 않는다. 큰 돌은 보이기 때문에 피해 갈 수 있다. 개인도 그렇고 조직도 그렇다. 오히려 작은 것을 소홀히 했다가 큰 손실을 입는다. 어떤 글로벌 제약회사는 엄청난 연구비를 투자해 요실금 치료제를 개발했고 이를 전 세계에 특허로 출원했다. 근데 한 직원의 실수로 한국을 North Korea 로 했다. 그 바람에 한국에서는 그 회사 제품을 마음대로 카피할 수 있었고 이로 인해 수백억의 손해를 봤다. 믿어지지 않는 실수다.

모 회사는 운송비용 절감을 위해 기존의 해운 회사 대신 새로운 회사들과 협상을 하고 있었다. 이를 위해 거래 가능성이 있는 곳에 대외비로 문서를 보내야 했다. 너무 중요한 문건이어서 매니저급 직원에게 직접 팩스 송신을 지시했다. 근데 얼마 후 내용을 알아서는 안 될 기존 거래처가 그 내용에 대해 훤히 알고 있는 것이 아닌가. 원인을 파악해 보니 팩스 기기에 달려 있는 단축 다이얼을 엉뚱하게 눌러서 잘못 발송된 것이었다. 그로 인하여 회사가 입은 손해는 말로 다 할 수 없었다. 꺼진 불도 다시 봐야 한다. 중요한 사안들은 확인하고 또 확인할 뿐만 아니라 크로스로 체크해야 한다.

넷째, 디테일이 강해야 고객의 신뢰를 얻을 수 있기 때문이다.

신뢰는 말로 얻을 수 없다. 신뢰받을 만한 행동을 할 때 얻을 수 있다. 모 광고회사는 우수한 인재들이 많은 회사였다. 하지만 자유분방한 분위기를 갖고 있어 간섭이나 규제가 전혀 없었다. 그러다 보니 약속 시간을 안 지키는 것이 기업의 문화로 자리 잡았다. 모 기업을 대상으로 PT(프레젠테이션)가 예정되어 있었는데 이 회사가 가장 유망했다. 실적도 좋고 참여 멤버도 일류들이었다. 무엇보다 그 기업과 인맥까지 연결되어 있었다. 하지만 시연 당일 멤버 중 두 사람이 늦게 도착했고, 그 때문에 사전 미팅을 할 수 없었다. 복장도 통일되지 않았다. 어떤 사람은 캐주얼, 어떤 사람은 정장을 입었다. 반면 경쟁사는 30분 전에 도착해 실무 책임자들과 환담을 나누었다. 프레젠테이션은 그런대로 잘 끝났다. 하지만 고객의 질문에 서로 다른 답변을 하고 말았다. 사전에 의견 조정을 하지 못하는 바람에 일어난 일이었다. 결국 경쟁 PT에서 이 회사는 지고 말았다.

다섯째, 그래야 지존의 경지에 도달할 수 있다. 한 분야를 평정한 고수들은 대부분 품질에 관한 한 병적으로 집착한다. 그런 집착이 없이는 고수로 인정받을 수 없다.

세계 최고의 디자이너 조르지오 아르마니가 그렇다. 그는 완벽주의자다. 일관성을 가장 소중하게 생각한다. 패션쇼의 소품으로 쓰이는 꽃 장식 하나, 패션모델의 발걸음 하나까지 직접 챙긴다. 아르마니 호텔과 리조트의 경우 가구와 인테리어는 물론 직원 유니폼 디자인에까지 직접 관여한다. "인생에서 뭔가 의미 있는 것을 이루려는 사람이라면 필수적으로 디테일에 신경을 기울여야 합니다. 뭔가 비범한 것을 창조하기 위해서는 집요할 정도로 작은 디테일에 몰두해야 합니다."

98년에 발매된 아이맥i-Mac은 그해에 83만 대를 팔아 치웠다. 이를 시작으로 아이팟i-Pod,아이폰i-Phone 그리고 아이패드i-Pad까지 애플의 혁신제품을 탄생시킨 주인공은 조나단 아이브다. 그역시 완벽주의자다. 아이팟의 색감을 얻기 위해 몇 달간 사탕공장에서 일을 하기도 했다. 회로기판까지 직접 디자인했다.

빵 하나로 타워팰리스의 입맛을 접수한 김영모 사장도 품질에 관한 한 철저한 사람이다. 마음에 들지 않는 빵이 나오면 가차 없이 쓰레기통에 버린다. 밀가루 한 포대가 아쉬웠던 개점 초기, 소보로 빵에 덮어야 할 소보로 180그램 중 2그램이 부족하다는 이유로 빵 전량을 폐기한 적도 있다. 원래 사용하던 치즈를 사용하지 않았다는 이유로 다 만든 치즈스틱을 모두 버린 일도 있다. 한번은 직원이 크리스마스 케이크를 지하에 잘못 보관하는 바람에 이상한 냄새가 배자 400개 모두를 쓰레기통에 버리기도 했다. 쉽지 않은 일이다.

　둔한 사람은 절대 고수가 될 수 없다. 성공한 사람들을 보면 대개 예민하고, 까다롭고, 집착 증세가 있다. 특히 품질에 관한 한 병적일 정도가 되어야 한다. 소소한 고객의 클레임에 밤잠을 설쳐야 한다. 그 문제점을 해결할 때까지 노심초사할 수 있어야 한다. 더러운 사무실 상태를 보고 흐트러진 기강을 읽을 수 있어야 한다. 직원들의 처진 어깨를 보고 자신을 돌아볼 수 있어야 한다. 충성고객 하나를 잃게 되면 왜 그 사람이 떠났는지 집요하게 파헤칠 수 있어야 한다. 한마디로 고수는 촉이 발달해야 한다. 작은 시그널에서 위기를 읽을 수 있고 동시에 기회의 싹을 볼 수 있어야 한다. 그러므로 사소한 것은 결코 사소한 것이 아니다.

심플하게 산다(1)

고급 승용차일수록 불량률이 높다. 고급 전자제품도 그렇다. 옵션의 태반은 쓸데없는 것이다. 평생 한두 번 쓸까 말까한 옵션이다. 도대체 누굴 위한 옵션인가? 2008년, 필립스는 반품으로 인해 미국 기업 전체에서 발생하는 비용을 산출해 보았다. 대략 연간 1,000억 달러에 달하는 엄청난 수준이었는데, 그중 절반은 사용법이 너무 복잡하기 때문이었다.

고수들의 집은 단순하다. 딱 필요한 것만 있고 훤하게 비어 있다. 고승의 방은 한결같이 텅 비어 있다. 자질구레한 살림살이나 장식이 일절 없다. 덮고 자는 이불도 벽장에 있어 보이지 않는다. 하지만 하수들의 집은 복잡하다. 쓰지 않는 물건, 쓸데없는 잡다한 물건으로 차고 넘친다. 사람이 물건을 위해 존재하는 건지, 물건이 사람을 위해 존재하는 건지 알 수 없다. 그래도 계속 뭔가를 사들인다.

고수들은 여행할 때 짐이 가볍다. 무거운 짐이 여행에 얼마나 방해가 되는지를 알기 때문이다. 출장의 달인 김우중 회장은 장기 출장을 수없이 다녔지만 짐을 부친 적이 없다. 늘 핸드캐리어에 들어갈 만큼의 짐만 갖고 다녔다. 김용섭 비서는 처음 출장 때 혼자 짐을 부쳤다가 김회장 일행을 놓쳐 낭패를 보았다. 바람의 딸 한비야도 늘 배낭 하나에 들어갈 만큼만 짐을 갖고 다녔다. 꼭 필요한 것만 넣었다. 여행 횟수가 늘수록 짐을 적게 줄이는 노하우를 터득했다. 하수들은 2박 3일 여행에도 이민 가방 비슷한 것을 갖고 다닌다. 나는 그 큰 가방 안이 궁금하다. 도대체 그 짧은 기간 여행하면서 저렇게 큰 가방을 들고 다니는 이유가 뭘까? 혹시 부엌살림을 다 갖고 다니는 걸까?

가방 끈 길다고 공부 잘하는 것은 아니다. 보고서가 두꺼울수록 내용은 부실하다. 부실한 내용을 양으로 메우려 하기 때문이다. 말이 길수록 요점이 없다. 세상 진리다. 근현대 미술사의 거장으로 꼽히는 화가 장욱진의 그림은 작다. 유화는 2호에서 4호 정도다. 현실적인 이유다. 혼란기에 큰 그림은 이래저래 짐이 될 수밖에 없었기 때문이다. 왜 큰 그림을 그리지 않느냐는 질문에 대한 그의 답이다.

"그림 그리는 데 크기가 어째서 문제인가. 조형성을 추구하는 데 이 정도 사이즈면 충분하지. 크게 그리려다 보면 쓸데없이 욕심을 부리게 된다. 그리지 않아도 될 걸 그리게 된다. 하지만 작은 데 그림을 그리면 내가 꼭 그리고 싶은 것이 무언지 생각하게 된다. 쓸데없이 물감과 화폭을 낭비하지 않아서 좋다. 고집 부리려고 작게 그리는 것이 아니다. 저절로 그렇게 된 것이다. 작은 그림은 친절하고 치밀하다." 고수다운 면모다. 본질이 무언지를 알고 있다.

연세대 명예교수 송복은 핸드폰을 들고 다니지 않는다면서 이렇게 얘기한다. "핸드폰은 사업하는 사람, 바삐 돌아가는 사람에게나 필요합니다. 걸어가면서 조용히 생각해야 하는데 핸드폰은 방해가 됩니다. 우리 나이가 되면 사회관계를 최대한 단순하게 해야 합니다. 핸드폰은 그걸 복잡하게 합니다. 단순화를 시켜야 지적 작업을 할 수 있습니다. 새로운 콘텐츠를 개발해야 하는데 바쁘면 사유할 시간이 없습니다." 정말 맞는 말이다. 뭐가 중요하고 그렇지 않은지를 정확하게 꿰뚫고 있다. 사실 글을 쓰는 사람에게는 방해받지 않는 시간이 절대적으로 중요하다. 글 쓰는 도중 오는 짧은 전화는 리듬을 깨기 때문이다.

고수들은 단순함의 중요성을 알고 있다. "단순한 것이 본질적인 것이다. 화가도 조각가도 그렇다. 성숙한 경지에 이르면 단순해진다. 거기 모든 것이 포함되기 때문이다. 단순함이란 무엇인가? 불필요한 것을 모두 덜어내고 반드시 있어야 할 것만으로 이루어진 결정체 같은 것이다. 본질적인 것만 집약된 모습이다. 복잡한 것을 다 소화하고 나면 어떤 궁극의 경지에 이른 상태다. 단순해지기 위해서는 가진 것이 적어야 하고, 불필요한 관계가 정리되어야 한다." 법정 스님의 말이다.

나는 촘촘한 계획 대신 듬성듬성한 계획을 좋아한다. 약속과 다른 약속 사이에 빈틈을 많이 둔다. 그게 효과적이다. 여유가 있다. 앞선 사람과의 대화를 복습하고 하기로 한 일을 다짐하기도 하고, 다음 사람과 만나 무슨 얘기를 할까, 어떻게 그 사람을 도울 수 있을까 궁리도 한다. 여유가 있기 때문에 먼 거리가 아니면 걸어서 움직인다. 걷다 보면 새로운 시상이 떠오르기도 한다. 빈 날은 빈 대로 놔둔다. 억지로 약속을 만들어 채우지 않는다. 빈 것이 있어야 좋은 기회가 왔을 때 잡을 수 있기 때문이다. 또 빈 것은 빈 대로 좋기 때문이다.

　나는 단순하게 살려고 노력한다. 사실 단순하다. 요즘은, 일하고 운동하고 가족들과 시간 보내는 것 외에는 거의 약속하지 않는다. 피치 못하게 만날 때도 저녁 약속은 되도록 피한다. 일찍 자고 일찍 일어난다. 그래서 우리 애들은 나를 사회부적응자라고 놀린다. 그래도 개의치 않는다. 내가 좋고 행복한데 무슨 상관인가?

　"내 만트라 가운데 하나는 집중과 단순함이다. 단순함은 복잡한 것보다 더 어렵다. 생각을 명확히 하고 단순하게 만들려면 열심히 노력해야 한다. 하지만 그럴 만한 가치는 충분히 있다. 일단 생각을 명확하고 단순하게 하면 산도 움직일 수 있다." 스티브 잡스의 말이다.

심플하게 산다(2)

하수들의 삶은 복잡하다. 정신이 없다. 분주하다. 일이 일을 만들고 엉뚱한 사람과 만나 쓸데없이 일을 벌인다. 그들은 방향성도 목적도 없이 계속 움직인다. 집중하지 못한다. 약간의 주의력결핍 과잉행동장애ADHD 증상을 나타낸다. 백수가 과로사하는 격이다. 배우는 것도 목적도 없다. 명확하지 않다. 무슨 말을 하는지 알아듣기 어렵다. 하겠다는 것인지, 하지 않겠다는 것인지 알 수 없다. 걸리는 것도 따지는 것도 많다. 눈치도 많이 살핀다. 그야말로 되는 일이 하나도 없다.

반면, 도가 튼 사람은 단순하다. 거칠 게 없고 눈치를 보는 것 같지도 않다. 하지만 무리가 없고 그런 일로 인해 문제가 생기지도 않는다. 물 흐르듯 산다. 사사무애事事無碍의 경지다. 하수와 있으면 머리가 아프다. 고수와 있으면 시원하다. 하수는 간단한 문제를 복잡하게 만들고, 고수는 복잡한 문제를 간단하게 만든다.

사실 뭔가를 단순하게 만드는 것이 가장 복잡하고 어렵다. 아무나 쉽게 단순해질 수 없다. 단순함은 복잡함과 힘듦 그리고 깨달음의 단계를 지나서 얻어지는 선물이자 열매다. 성숙의 결과다. 단순해지기 위해서는 오랜 고민과 노력이 있어야 가능하다. 복잡하다는 것은 생각이 정리되지 않았다는 것이다. 그래서 하수는 말도 길고, 글도 길지만 무슨 말인지 명확하지 않다. 단순함은 지혜의 상징이다. 단순함은 집중력이다. 불필요한 것을 정리하는 것이다. 단순해지기 위해서는 주기적으로 주변을 구조조정 해야 한다.

우선 사람을 정리하라. 의무감에서 만나는 사람, 만나기 싫지만 할 수 없이 만나는 사람, 만나고 나면 기분이 언짢아지는 사람은 과감하게 정리하라. 세상 고민의 반 이상은 만나지 않아도 사는 데 지장이 없는 사람들을 만나는 데서 시작한다.

불필요한 직함도 버려라. 별다른 역할도 하지 않으면서 철 지난 계급장을 주렁주렁 달고 다니는 사람을 보면 딱하다. 불필요한 신문과 잡지도 정리하라. 우리는 몰라도 되는 사실을 너무 많이 알고 있다. 사실 몰라서 손해를 보는 것보다 알기 때문에 손해를 보는 경우가 훨씬 많다. 가끔 외국에 나가 보면 머리가 맑아지는 느낌을 받는데 바로 신문과 뉴스를 안 보기 때문이다. 가끔 미디어 단식을 해보는 것이 필요하다.

침묵의 기간을 갖는 것도 필요하다. 말을 하지 않아 후회한 것보다 하지 말았어야 할 말을 함으로써 후회한 경험이 얼마나 많은가? 중세 기독교 성자 토마스 아 켐피스는 이렇게 얘기했다.

"밖으로 나가지 않으면 무성한 소문에 대해 듣지 않게 된다. 차라리 집에 있으면서 복된 무지를 누리는 편이 낫다. 밖에서는 최신 소식을 듣는 기쁨이 있을지 모르지만, 분명 그 결과 해결해야 하는 혼란스런 문제를 만날 것이다." 주기적인 단식이 육체적·정신적으로 건강을 주듯 복잡한 시대에는 주기적으로 자신을 사회로부터 차단하는 것도 필요하다.

물건도 정리해야 한다. 쓸데없는 옷, 신지 않는 구두, 가방, 책, 테이프 등이 그렇다. 버려야 들어올 자리가 생긴다. 오래된 고정 관념과 지식도 버려야 한다. 그래야 새로운 지식이 들어올 수 있다. 거절하는 것도 필요하다. 거절했을 때 상대가 실망하는 모습이 두려워 억지로 승낙을 한다. 그리고 여러 복잡한 회오리 속으로 들어간다. 제때 거절만 할 수 있어도 훨씬 단순한 삶을 살 수 있다.

한 여성은 무능하고 우유부단한 남편을 견디지 못하고 이혼을 했다. 그런데 그 남편이 빚보증을 서달라고 요구하자 이를 거절하지 못하고 승낙을 해버렸다. 결과, 유일한 재산인 집을 날리고 신용불량자가 되었다. 그리고 애들을 데리고 힘겹게 살고 있다. 순간의 인정을 뿌리치지 못해 평생 큰 짐을 지게 된 것이다. 단순하게 살기 위해서는 "아니오" 라고 말하는 용기가 필요하다.

단순하게 산다는 것은 정말 소중한 것을 위해서 덜 소중한 것을 덜어내는 것이다. 하지만 많은 사람들은 별 것 아닌 것에 의해 별 것이 침해당하는 삶을 살고 있다. 단순하게 사는 것은 우리 생활에서 짐을 덜어 더욱 가볍고 깨끗하게 사는 것이다. 그것은 우리가 소비하는 물자와 하는 일, 대인관계, 자연과 우주와의 관계 등 생활의 모든 면을 더욱 직접적이고 소박하며 단출하게 정리하는 것이다. 외적으로는 더욱 단순하고 내적으로는 더욱 풍요롭게 사는 방식이다.

빠르다

고수는 빠르다. 말도 빠르고 눈치도 빠르고 행동도 빠르다. GE의 잭 웰치 회장은 말이 속사포처럼 빠르다. 쉬지 않고 질문을 해대는 통에 웬만한 사람은 견딜 수 없다. 머리도 빨리 움직이고 성격도 급하기 때문이다. 말이 빠른 이유는 한 눈에 사태를 파악하기 때문이다. 하수는 길고 느릿느릿하다. 눈치를 보기 때문이다. 관료적인 조직에서 오래 일하면 말이 길고 느려진다. 성격 급한 사람은 숨이 넘어간다. 인내심을 갖고 들어도 별 내용도 없다. 답답한 노릇이다.

자수성가해 큰 건설 회사를 만든 김 회장은 눈치가 빠르기로 유명하다. 그래서 칼 같다, 귀신이다, 독하다는 소리를 듣는다. "시베리아 벌판에 묻어 놔도 기어 올라올 놈"이란 얘기도 듣는다. 그는 쓸데없는 곳에 시간을 낭비하지 않는다. 될 일과 안 될 일을 구분한다. 사귈 사람과 그러지 말아야 할 사람을 구분한다. 될 일에 집중한다. 모든 게 빠르다.

나 역시 그렇다. 느려터진 사람을 싫어한다. 그런 꼴을 보지 못한다. 느린 사람은 여유 있다고 자신을 미화하지만 실은 게으른 경우가 많다. 느리다는 개념과 천천히 라는 개념은 전혀 다르다. 느린 사람은 일을 결정하지 못하고 마무리하지도 못한다. 무슨 핑계가 많다. 빠른 사람은 그 일을 마무리하지 않으면 마음이 불편해 견디지 못한다. 다소 실수는 있을 수 있지만 일을 추진해 내는 사람이다.

일이 빠른 것은 자신감이 있기 때문이다. 그렇기 때문에 남들 얘기에 일비일희하지 않는다. 남의 평가로부터 자유롭다. 결정이 느린 사람들은 이것저것 많이 따진다. 눈치도 살핀다. 이런 얘기를 했다가 다른 사람이 뭐라 하면 어떻게 하지 같은 쓸데없는 걱정을 많이 한다. 자기 생각보다는 남의 생각에 따라 행동을 결정한다. 자기 인생이지만 남의 인생을 사는 격이다.

무엇보다 고수들은 피드백이 빠르고, 하수들은 피드백이 느리다. 세계적인 스포츠마케팅 회사의 CEO였던 마크 맥코믹은 승진의 조건으로 다음 세 가지를 내세웠다. 조직에 대한 충성도, 디테일에 대한 집착, 빠른 피드백이 그것이다.

함흥차사란 별명을 가진 팀장이 있다. 걸핏하면 회사엘 나오지 않고, 중요한 일을 앞두고 연락이 안 되기 때문에 달린 별명이다. 심지어 자기 책임 하에 진행하는 행사인데도 당일에 핸드폰이 꺼져 있어 모두를 초주검으로 만든다. 팀원들이 뭔가 물어보기 위해 문자를 해도 대부분 씹는다. 그다음 날 답을 하는 경우도 비일비재했다. 팀원들 입장에선 돌아가실 지경이다. 중요한 일에 대해 판단을 하고 결정을 해야 할 책임자가 문자를 씹고 전화기를 꺼놓으니 이 일을 어떻게 하란 말인가? 그러면서도 팀원들 마음대로 뭔가를 하면 난리를 쳤다. 누구 맘대로 이런 결정을 했냐, 당신이 책임질거냐면서 따졌다. 팀원들은 정신과 치료를 받아야 할 지경에 이르렀다. 팀장이 전화만 해도 가슴이 철렁 내려앉는다는 팀원들도 있었다.

애정과 피드백 속도는 비례한다. 남녀 간의 사랑이 그렇다. 뜨겁게 사랑하는 남녀는 피드백이 빠르다. 문자를 보내면 바로

답이 온다. 전광석화 같다. 기다리던 문자이기 때문이다. 악조건 속에서도 어떻게든 답을 보낸다. 사랑이 식으면 답하는 속도가 느려진다. 답할 수 없는 것이 아니라 답하기 싫기 때문이다. 내키지 않기 때문이다. 답이 늦는 일이 많아지면 애정이 식었다고 보면 된다. 조직에 대한 애정도 그렇다. 조직을 사랑하면 즉각 답이 온다. 일과 시간에는 물론 퇴근 후에도 칼같이 온다. 마지 못해 다니는 직장이면 일과 시간에 온 문자도 마지못해 답을 한다. 퇴근 후에는 바로 씹는다. 퇴근 후까지 업무에 얽매이기 싫기 때문이다.

가끔 워크숍 때 배우자에게 문자로 나를 어떻게 생각하는지 물어보라는 주문을 한다. 답하는 속도와 내용을 보면 배우자와의 관계를 어느 정도 짐작할 수 있다. 내용이 충실하고 답변 속도가 빠르면 애정 전선에 아무 문제가 없다. 속도도 느리고 내용도 부실하면 문제가 생긴 것이다. 늦게까지 아예 답변이 없으면 심각하다. 답할 가치를 못 느끼는 것이다. 당신은 어떤 사람인가?

도전이 기회를 만든다

고수는 도전하고 하수는 안주한다. 고수는 일이 익숙해지고 편해지면 새로운 일을 찾아 도전한다. 하수는 익숙함을 즐기고 거기 계속 머물려 한다. 더 이상 발전이 없다. 그 날이 그 날이다.

내가 가장 존경하는 사람은 경영학의 아버지 피터 드러커다. 그는 경영학을 발명한 사람이란 소리를 듣는다. 기존의 다른 고수들과는 차원이 다르다. 단순한 전문가를 넘어선 사람이다. 그의 관심은 역사, 문학, 음악, 미술 모든 분야를 아우르며, 그 지식의 넓이와 깊이는 상상을 초월한다. 스케일이 다르다. 비결 중 하나는 새로운 곳에 끊임없이 도전했기 때문이다. 그는 3년에 한 번씩 새로운 분야에 도전하는 것을 삶의 모토로 삼았다. 그런 과정에서 고수로 성장했다.

나는 싫증을 잘 내는 사람이다. 비슷한 일을 하는 것을 병적으로 싫어한다. 뻔한 얘기를 하는 것도 힘들어한다. 비슷한 음식을 매일 먹는 것도 괴롭다. 그렇기에 늘 변화를 주려고 노력한다. 식사 약속을 할 때도 가능한 한 상대가 식당을 정하게 한다. 그래야 새로운 곳을 가볼 수 있다. 정기적인 모임을 별로 하지 않는 이유도 비슷한 사람과 계속 만나는 것보다는 다양한 사람들을 만나길 좋아하기 때문이다. 회사에서도 매년 보직을 바꾸면서 일했던 것도 윗사람이 내 그런 성향을 알았기에 그런 것 같다. 결정적으로 공학도에서 지금의 직업을 가진 것도 나의 그런 성향 덕분일 것이다.

살다 보면 원하지 않는 일들이 많이 일어난다. 그때는 진정 도전 정신이 필요할 때다. 대기업 연구소에서 근무하던 내가 노사분규로 심각하던 생산 현장으로 발령받았을 때가 그랬다. 화공학 박사라는 이유로 도장 공장의 불량 문제를 해결하라는 것이었다. 눈앞이 캄캄했다. 도장에 대해 아는 것이 하나도 없는데, 그런 아수라장에서 어떻게 문제를 해결하라는 것인지 이해할 수 없었다. 하지만 어쩌겠는가? 받아들이고 생산 현장에서 문제 해결을 위해 올인했다. 처음 1년은 헤맸지만 이후에 하나

하나 문제를 해결하면서 삶의 희열을 맛봤다. 인간적으로도 성숙해졌고, 어떤 문제가 닥쳐도 흔들리지 않을 자신감도 얻었다. 덕분에 리더십에도 눈을 떴고 회사를 그만둔 이후 경영컨설턴트라는 새로운 직업에도 도전할 수 있었다. 물론 당시에는 두렵고 힘들었지만 지금 하는 일에서 큰 행복을 느끼고 있다. 만약 새로운 곳에 도전하지 않고 회피했다면 지금의 나는 과연 어떤 모습일까? 별로 생각하고 싶지 않다.

잠재력의 5퍼센트도 제대로 활용하지 못하고 사는 게 인간이라는 얘기를 많이 한다. 동의한다. 글을 거의 써보지 않았던 엔지니어였던 내가 50권 가까운 책의 저자가 됐다는 사실은 지금도 믿어지지 않는다. 내게 그런 잠재력이 있다는 사실이 놀랍다. 만약 내가 글 쓰는 재능을 모른 채 평생을 살았다면 어땠을까? 생각만 해도 아찔한 일이다. 이처럼 우리 모두에게는 잠재 능력이 있다. 하지만 도전하기 전에는 절대 알 수 없다. 자신의 잠재력을 알기 위해서는 불편하고 싫더라도 과감하게 도전해 보아야 한다. 그래야 자신이 어떤 사람인지 알 수 있다.

"사람들은 도전에 직면해서야 비로소 자신이 가지고 있는 잠재력을 발견하게 된다. 자신의 능력을 발휘해야 할 필요가 있을 때까지는 사람들은 절대 자신의 잠재력을 알지 못한다." 유엔

사무총장을 지낸 코피 아난이 한 말이다.

인생에서 가장 큰 위험은 아무것도 감수하지 않는 일이다. 아무 위험도 무릅쓰지 않는 사람은 절대 실패할 가능성이 없어 보이지만 곰곰이 생각하면 그 자체로 이미 실패한 인생이다. 아무것도 배울 수 없고, 자신이 어떤 사람인지도 모르고, 자신의 잠재력은 더더욱 발견하기 어렵기 때문이다.

도전은 설렘이다. 새로운 회사를 방문하는 것, 새로운 일을 해 보는 것, 새로운 곳을 방문하는 것은 그 자체로 설렘을 주고 그 과정에서 많은 것을 배운다. 물론 실패할 수 있다. 원하던 것을 갖지 못할 수도 있다. 하지만 그게 무슨 대수랴. 도전하는 사람은 주인이고 머무는 사람은 관중이다.

미국 신대륙을 발견한 콜럼버스가 그랬다. 당시 사람들은 해안선을 4일 이상 떠난 적이 없었다. 그만큼 새로운 시도를 두려워했다. 다들 인도를 가기 위해 동쪽 항로만을 이용했지만 그는 서쪽 항로를 주장했다. 그 때문에 10년 이상 투자자가 나타나지 않아 고생했다. 다행히 이사벨 여왕의 도움으로 1492년 8월, 배 3척에 120명의 선원을 태우고 출발했고 두 달이 지난 1492년 10월 아메리카 대륙을 발견했던 것이다. 그가 기존의 사람들처럼 같은 항로만을 주장하고 새로운 항로에 도전하지 않았다면 위대한 발견은 없었을 것이다.

위험을 최소화하는 길은 계속해서 도전하면서 위험을 감수하는 것이다.

"지금부터 20년 뒤 여러분은 잘못해서 후회하는 일보다는 하지 않았기에 후회하는 일이 더 많을 것이다. 그러니 밧줄을 던져 버려라. 안전한 항구에서 벗어나 멀리 항해하라. 무역풍을 타고 나아가라. 탐험하라. 꿈을 꿔라. 발견하라." 마크 트웨인의 얘기이다. 고수가 되기 위해서는 계속 신천지를 찾아 도전해야 한다.

일이 되게 만드는 능력

초보 주부들은 요리 하나 하는 데 하루 종일 걸린다. 집안 전체를 엉망으로 만들고 재료는 여기저기 흩어져 있다. 이 일 하다 저 일 하고 갑자기 무언가 잊었다면서 시장으로 뛰어가기도 한다. 애는 쓰지만 제대로 된 음식을 얻어먹기는 쉽지 않다. 반면 노련한 주부들은 일을 쉽게 한다. 별로 서두르는 것 같지도 않은데 얼마 후 근사한 음식이 상에 오른다. 오랫동안 책상에 붙어 있다고 공부를 잘 하는 것은 아니다. 밤늦게까지 회사에 남아 있다고 성과가 좋은 것은 더더욱 아니다. 고수는 스마트하게 일한다. 열심히 하는 것보다 영리하고 스마트하게 일할 수 있어야 한다. 이를 위해 몇 가지 생각해 보았다.

첫째, 목표를 확실하게 확립하고 이를 위해 매진한다. 한 사람에게 주어진 시간과 에너지는 제한되어 있다. 모든 일을 다 잘하려고 하는 사람은 필시 모든 일을 엉망으로 만들 수밖에 없다. 모든 사람을 만족시키려는 사람은 누구도 만족시키지 못한다. 일을 잘 하는 사람은 늘 목표가 확실하다. 장기 목표와 중기 목표가 있다. 오전에 해야 할 일과 오후에 할 일이 명확하다. 그렇기 때문에 에너지를 집중할 수 있다.

둘째, 우선순위 확립이 중요하다. 일을 하다 보면 "할 일이 너무 많아 정신이 없다. 이것도 하라면서 갑자기 저것도 하라면 도대체 나보고 어쩌라는 것이냐"라는 원망이 들 때가 있다. 하지만 세상은 원래 그렇다. 한 가지 일이 끝날 때까지 다른 일은 하지 않아도 되는 그런 삶은 없다. 한 가지 일만 해도 괜찮은 것은 갓 태어난 아이밖에 없다. 쉬운 일만 계속하면 절대 실력이 늘지 않는다. 과도하다 싶을 정도의 일을 동시에 처리할 때 일 근육이 생기고 업무의 생산성이 올라간다. 그렇게 동시에 많은 일을 할 때 중요한 것이 우선순위 확립이다. 중요한 일과 덜 중요한 일을 구분하고 지금 해야 할 일과 나중에 해도 되는 일을 파악하는 능력이다. 일을 잘 하기 위해서는 늘 자신에게 "우선순위가 높은 3가지 일은 무엇일까? 나는 지금 순위에 맞게 일을 하고 있는가?"라는 질문을 던져야 한다.

셋째, 자제력과 감정 조절 능력이다. 세상은 늘 변하고 예상치 못한 일이 일어난다. 스마트하게 일하기 위해서는 돌발 변수가 발생해도 침착성을 유지해야 한다. 중간에 꼬이는 일을 예상해야 한다. 하지만 사람들은 그렇게 하지 않는다. 내가 하는 일에 변수 따위는 없다고 생각한다. 부품업체의 파업으로 부품이 들어오지 않을 수도 있고, 유능한 직원이 다른 곳으로 갈 수도 있다, 천재지변으로 공장이 물에 잠길 수도 있다. 세상일은 계획대로 되지 않는다. 변수가 생기고 돌발 사건이 일어난다. 협조자보다는 방해하는 사람이 많다. 이런 일을 늘 예상하고 비상시 계획을 세워야 한다. 그러면 사건이 터져도 당황하지 않는다. 다른 방법을 찾을 수도 있고, 어려운 가운데 이를 극복할 방법을 궁리하게 된다.

넷째, 시간관리 능력과 집중력이다. 제한된 시간 내에 많은 성과를 내기 위해서는 시간의 밀도를 높여야 한다. 시간대별로 할 일을 정하고, 집중력을 높여야 한다. 미루지 말고 그때그때 확실하게 처리해야 한다. 부서지는 시간도 활용하고 동시에 할 수 있는 것은 그렇게 해야 한다. 일할 때는 일하고, 놀 때는 화끈

하게 놀아야 한다.

다섯째, 스트레스 대처 능력과 약간의 둔감함이 필요하다. 원하는 대로 일이 풀리지 않고 인생이 하나둘 꼬이기 시작하면 조금씩 스트레스가 쌓이기 시작한다. 그렇기 때문에 스트레스에 잘 대처하는 것이 중요하다. 포스코의 이구택 전 회장은 과장 시절 상사로부터 호된 질책을 받았다. 야단을 맞느라 탁자 위에 놓인 커피를 마실 수 없었다. 질책이 끝나 커피는 차갑게 식었지만 아깝다고 생각한 이 회장은 식은 커피를 마셨다. 그러자 상사는 "자네는 그렇게 야단을 맞고도 커피가 입에 들어가나"라며 웃었다. 이런 그는 결국 포스코 회장까지 오른다. 만일 그때 삐쳐서 회사를 그만 두었다면 어떻게 되었을까? 요즘 사람들은 너무 쉽게 상처를 받는다. 그냥 웃어서 넘길 일도 되씹고 곱씹으면서 너무 심각하게 생각한다. 직장 생활을 하다 보면 상사로부터 심한 질책을 받을 수도 있다. 하지만 질책은 질책일 뿐이다. 너무 민감하게 반응하는 것은 세상 사는 데 도움이 되지 않는다.

여섯째, 핑계보다는 일이 되게끔 해야 한다. 복잡한 일을 하다 보면 우리는 본능적으로 일이 되지 않는 이유를 찾느라 시간을 보내는 경우가 있다. 그럴듯한 핑계를 찾으면 기뻐하고 상사에게 자신 있게 보고를 한다. 물론 수긍을 하고 이해는 해준다. 그렇다고 그 사람에 대해 호감이 생기지는 않는다. 안 되는 천 가지 이유가 있음에도 불구하고 일이 되게끔 만드는 사람을 좋아한다. 영리하게 일을 한다는 것은 바로 그런 것이다. 여러 사정이 있긴 하지만 일이 되게끔 만드는 것이다. 그래서 할 수 없다는 말보다 "그럼에도 불구하고 했습니다"란 말을 할 수 있어야 한다.

척 보면 알아요

고수들은 촉이 발달했다. 촉이 예민하다. 남들이 보지 못하는 것을 본다. 듣지 못하는 것을 듣는다. 사소한 현상에서 큰 진리를 발견한다. 모든 사람들이 가는 길보다는 남들과 다른 길을 간다. 때론 비합리적이고 무모해 보인다. 고집불통처럼 보이기도 한다. 그들은 직관에 많이 의존한다.

모 컨설팅 회사가 글로벌 기업과 국내의 잘 나가는 기업 임원들을 대상으로 그들이 가장 중요하게 생각하는 경영 노하우를 묻는 조사를 실시했다. 글로벌 기업의 경우는 과학적 접근법을 사용했다. 전형적인 SWOT 분석을 먼저 했다. 시장을 분석해 위기threatening와 기회opportunity를 살피고, 자기 조직의 강점과 약점 strength, weakness을 판단한 후 기회 요인과 강점을 맞춰 전략적 결정을 하고 거기에 자원을 집중하는 방식이다. 하지만 국내 기업 임원들은 조금 달랐다. 무엇보다 감感을 중요시했다. 그렇다고 아무것도 없이 무턱대고 감으로만 밀어붙였다는 것은 아니다. 어느 정도 조사도 하고, 타당성 검토도 하지만 결정적인 순간에는 리스크가 있어도 결정을 하고 일을 진행했던 것이다.

이병철 회장이 반도체 사업에 뛰어든 것이 대표적인 사례다. 만일 이런 의사 결정을 컨설팅 회사에 의뢰했다면 어떤 결과가 나왔을까? 밑 빠진 독에 물 붓는 격의 이런 투자는 너무 위험해 자칫하면 그룹을 위험에 빠뜨리니 절대 하지 말라는 결론이 나왔을 것이다. 하지만 그때 그 결정만큼 탁월한 결정은 없었다. 만일 그때 반도체에 투자를 하지 않았다면 지금의 삼성전자는 없을 것이란 게 전문가들의 중론이다. 그 결정은 그저 직관과 감만으로 하지 않았다. 이병철 회장이 수많은 전문가, 교수, 언론인을 만나 얘기를 듣고 관련 정보를 수집하고 분석한 후 내린 결정이었다.

현재 OLED는 한국이 세계 최강이다. 생산량, 품질, 기술 모두 한국이 1등이다. 하지만 얼마 전까지만 해도 일본 업체가 1등이었다. 한국 업체들이 선두로 나선 데는 이런 위험을 감수한 경영인들의 결정이 큰 역할을 했다. 관련 기업 모 임원의 이야기다.

"저희 업은 특성상 엄청난 투자가 이루어집니다. 공장 하나 짓는 데 몇 조 원이 투입되니 그만큼 위험 부담도 큽니다. 당분간 LCD가 시장을 주도하리라는 것은 알고 있었지만 2000년대 초반 불황이 오면서 수요가 줄고, 가격이 떨어지는 일이 있었습니다. 그때 일본 업체들은 주춤했습니다. 저희들도 투자 여부를 놓고 고민을 많이 했지만 눈 딱 감고 밀어붙였습니다. 곧 살아날 것으로 보았지요. 그때의 그 결정이 일본과 한국 기업의 순위를 바꾸었지요. 몇 달간의 망설임이 극복하기 어려운 차이를 만든 겁니다."

전통적으로 한국 민족은 감으로 하는 것에 강하다. 논리적으로는 설명할 수 없지만 왠지 그렇게 하면 될 것 같은 것이 감이다. 운동도 감으로 하는 운동에 강하다. 양궁과 골프가 그렇다. 아마 우리 민족의 핏속에는 그런 인자가 숨어 있는 것 같다. 파악해야 할 정보량이 많아지면 감의 중요성도 함께 증가한다. 그래서 블링크Blink가 회자된다. 블링크는 눈 깜짝할 사이에 감으로 결정한다는 의미이다. 정보의 양이 엄청나게 늘고, 변화 속도가 빨라졌기 때문에 생기는 현상이다. 이것저것 다 재고 따지고 하다가는 아무것도 할 수 없다. 공부하고 알아보고 생각하는 것도 중요하지만, 어느 순간에는 저지를 수 있어야 한다.

이 시대에 필수적인 능력이 이러한 '결정하는 능력'이다. 그리고 올바른 결정을 위해서는 그만큼 경험과 지혜가 축적되어야 한다. 그렇게 축적된 것이 어느 순간 발휘되면 그것이 직관이고 블링크다. 반도체 진출의 결정, 공장의 확장, 인수합병 결정, 가짜인지 진짜인지의 구분 같은 것이 모두 그렇다. 남들 눈에는 순간의 결정처럼 보이지만 그 안에는 오랜 세월의 노력과 경험과 고민이 숨어 있다.

이른 봄 냇가에 돌을 들추며 개구리를 잡는 소년이 있었다. 소년은 거의 100퍼센트 확률로 개구리가 숨어 있는 돌을 알았다. 그가 들추면 틀림없이 개구리가 있었다. 어떻게 그렇게 아느냐고 묻자 소년은 이렇게 말했다. "척 보면 알아요." 그 소년은 오랜 경험을 통해 말로 설명할 수는 없지만 감을 갖게 된 것이다. 감은 아무에게나 오지 않는다. 면벽수도를 할 때 갑자기 신선이 나타나 알려 주지 않는다. 계속 현장에서 여러 문제와 씨름하면서 공부하고, 노력하고, 고민하고, 다양한 경험을 할 때 오는 선물이다.

하나를 보고 열을 안다

고수는 한 눈에 사태의 본질을 파악한다. 본능적으로 냄새를 잘 맡는다. 작은 실마리에서 큰 것을 본다.

대우조선에서 일본인 컨설턴트 한 명을 큰 비용을 주고 채용했다. 진도관리 시스템을 만들기 위해서였다. 하지만 그는 공장 안에는 들어가지 않고 몇 주간 외곽만을 돌면서 보고서를 작성했다. 결론은 간단했다. 진도 관리가 엉망이라는 것이다. 그를 수행했던 부장은 임원에게 불평을 늘어놓았다. "몇 주간 공장 안을 본 적도 없습니다. 주변만을 돌았을 뿐입니다. 저런 사람이 뭘 안다고 평가를 합니까, 돈을 주면 안 됩니다."

하지만 분위기를 파악한 일본인은 이렇게 말했다. "정리와 정돈은 소리에서 나옵니다. 정돈이 잘 된 공장은 소리가 다릅니다. 쇠를 내려놓을 때, 기중기가 물건을 들어 올릴 때, 청소할 때 모두 다른 소리가 납니다. 저는 진단할 때 눈보다는 귀와 마음을 사용합니다." 부장은 머리를 망치로 한 대 맞은 것 같은 충격을 느꼈다.

무언가를 판단하는 데는 오랜 시간이 걸리지 않는다. 특정 교수가 강의를 잘 하는지 판단하는 데에 그렇게 많은 시간이 필요한 게 아니다. 듣는 순간 바로 견적이 나온다. 이 영화가 어떨 것인지 아는 데도 몇 분이면 충분하다. 처음에는 시원찮았는데 시간이 지나며 정말 괜찮은 영화로 달라졌던 경우가 과연 몇 편이나 있는가? 음악도 그렇다. 노래를 듣는 순간 필이 오든지 안 오든지 하지, 여러 번 듣고, 끝까지 들었더니 느낌이 바뀌는 경우는 그리 많지 않다.

수많은 기업을 다니는 나는 회사 방문을 하면 본능적으로 냄새를 맡는다. 강의 전에 직원들 표정을 살피고 강의 때 태도를 본다. 30분 정도 일찍 가서 여기저기를 살피고 얘기를 나눠 보면 그 회사의 상태를 대번에 알 수 있다. 하나를 보면 열을 알고 척 보면 삼천리다. 무엇을 판단하는 데 많은 정보가 필요한 것은 아니다. 여기저기 다 뒤지고 다닐 필요도 없다. 한 조각 지식으로 천리를 볼 수 있다. 사소한 정보를 찾아내 여기에 집중하고 이를 바탕으로 전체를 판단할 수 있어야 한다.

　고수들의 핵심역량 중 하나는 지인지감知人之鑑이다. 사람을 보는 안목이다. 괜찮은 사람을 만나면 좋은 일이 생기고, 만나지 말았어야 할 사람을 만나면 인생이 꼬인다. 저 사람이 마음에 드는지를 알아내는 데는 많은 시간이 걸리지 않는다. 관상을 보고, 몇 마디 나누어 보면 대번 견적이 나온다. 특히 여자들은 이 방면에 선수다. 여자들은 눈치가 정말 빠르다. 단박에 알아차린다. 이 남자가 마음에 드는지, 이 사람을 부모에게 선보일 수 있는지, 세상물정을 알고는 있는지…….

　하지만 겉으로만 판단하는 것은 위험하다. 예전에 클래식 경연에서는 심사원들이 사람을 보면서 오디션을 했다. 당연히 여성이 불리했다. 여성에 대한 선입견 때문이었다. 하지만 청탁 등을 배제할 목적으로 장막 오디션을 실시하자 상황은 급변했다. 오로지 소리로만 판단을 하게 된 것이다. 그러면서 여성들이 대거 클래식 음악계에 진출했다. 남자냐 여자냐, 잘 생겼냐 못 생겼냐 하는 외모의 편견이 장막 하나로 사라진 것이다. 이처럼 사람을 외모로만 판단하면 많은 실수가 생긴다.

미국의 29대 대통령(1921~1923 재임) 워렌 하딩의 당선은 외모 판단이 부른 실수였다. 그는 키도 크고 잘 생긴 사람이었다. 사람들은 외모를 보고 그가 유능하고 성실할 거라고 생각했고, 그를 대통령으로 뽑았다. 하지만 그는 역사상 최악의 대통령으로 평가받는다. 외모가 사람들의 정상적인 사고를 마비시킨 것이다.

그러므로 직관에 대한 올바른 이해가 필요하다. 직관이란 순간적으로 떠오른 생각이나 아이디어이다. 왜 그런지는 모르겠지만 그럴 거라고 생각하는 것이 직관이다. 하지만 '직감'과는 구분해야 한다. 직감은 때로 비이성적 결정이나 행동을 뜻한다. 감성적이고, 굳건한 이론적 기반 위에 있지 않는 느낌이라고도 할 수 있다. 하지만 직관은 다르다. 직관은 이성적인 판단이다. 빠르게 스쳐 지나가지만 그렇다고 덜 다듬어지고 덜 이성적인 것은 아니다. 순간적인 영감이면서도 정확하다. 갑자기 떠오른 것이 아니고 그동안의 경험과 지식의 결과가 순간적으로 발휘된 것이다. 그렇기 때문에 이성적으로 따진 것보다 오히려 정확하고 옳은 경우가 많다.

정말 중요한 결정은 직관적으로 내리는 경우가 많다. 그렇기 때문에 의사 결정 능력을 키우기 위해서는 직관력을 길러야 한다. 직관력을 키우는 데 가장 중요한 것은 판단에 필요한 경험과 지식이다. 지식의 농축이 직관의 재료가 된다. 별다른 경험은 없지만 막연히 그럴 것 같다는 것은 직관이 아니다. 그런 판단에 의지하는 것은 위험하다. 직관은 고도의 전문성이 뒷받침될 때 가능하다. 그런 것이 직관이다.

직관이 답이다

고수는 직관이 발달한 사람이다. 촉이 예민하다. 똑같은 사건 속에서도 남들이 보지 못하는 것을 본다. 그래서 남들보다 앞서간다. 오랜 세월 필립스 석유 대표를 지낸 윌리엄 켈러와 암펙스의 설립자 알렉산더 포니에토프는 직관의 힘을 믿는다. 켈러는 1974년 인터뷰에서 이렇게 얘기했다. "유전은 지질학에 대해 아무것도 모르는 사람들의 육감, 꿈의 예시와 같은 일 덕분에 발견되는 경우가 많습니다. 우연이라고는 볼 수 없는 일을 너무 많이 보고 겪었습니다."

직관은 여러 경로를 통해 나타난다. 물리학, 화학, 의학 분야에서 노벨상을 수상한 83명의 수상자 가운데 72명이 직관을 통해 그러한 업적이 가능했다고 고백한다. 1985년 노벨 의학상을 수상한 마이클 브라운은 이런 말을 했다. "어떤 보이지 않는 손이 이끌었던 것 같습니다. 한 단계 한 단계 나아갈 때마다 어떤 길이 옳은 길인지를 알고 있었는데 어떻게 그것을 알 수 있었는지는 지금 도저히 설명할 길이 없습니다."

직관은 '고려하다, 주시하다'라는 뜻의 라틴어 '인투에리'intueri 에서 유래했다. 《옥스퍼드 사전》의 정의는 이렇다. "의식적 노력과 사유를 거치지 않은 빠른 상태의 진실 인식. 내부로부터의 지식, 본능적 지식 또는 느낌." 한 마디로 뭔가 설명하기는 어렵지만 빠르게 본능적으로 알게 되는 진실 인식이란 얘기다.

직관은 종종 꿈속에 나타난다. 캐나다의 유명한 내과 의사였던 프레데릭 밴팅은 꿈속에서 인슐린의 기초원리를 발견했다. 재봉틀을 발명한 엘리어스 하우 역시 꿈속에서 원리를 터득했다. 그는 재봉틀 발명을 위해 수년간 연구했으나 뭔가가 부족했다. 그러던 어느 날 이상하게 생긴 창을 든 야만인들에게 붙잡히는 꿈을 꿨다. 그 야만인들이 가진 창끝에 구멍이 하나씩 나 있었고 그는 거기서 바늘귀에 구멍을 뚫어야 한다는 실마리를 얻었다. 그 간단한 변화로 재봉틀이 세상의 빛을 보게 된다.

뜻밖의 사건을 통해서도 직관을 얻는다. 알렉산더 플레밍은 박테리아에 관한 실험을 하고 있는데 갑자기 곰팡이가 배양접시에 날아 들어와 박테리아를 죽였다. 그래서 세균 배양도구를 버리고 새로운 실험을 하려고 준비하는데 갑자기 박테리아를 죽인 곰팡이가 눈에 띄었다. 그리고 이것이 페니실린을 발견하는 계기가 되었다.

직관력을 키우려면 늘 목표에 대해 생각하고 고민해야 한다. 그렇게 생각과 마음을 정조준 해놓은 상태에서 목표나 해결할 문제가 있으면 여행 혹은 사교 모임에서 도와줄 사람을 우연히 만나게 된다. 자신이 필요로 하는 정보를 담고 있는 책이나 잡지 기사를 우연히 접하기도 하고 라디오에서 듣기도 한다. 필요로 할 때 필요한 정보가 자신에게 '끌려오는' 것이다. 아르키메데스가 유레카의 순간을 경험한 것은 "이 왕관이 순금인지 아닌지를 파악하라"는 왕이 내린 분명한 목표 때문이었다.

직관은 개안이다. 그동안 쌓인 지식과 경험이 문제와 결합되어 어느 날 갑자기 눈앞이 환해지는 경험이다. 이런 것을 세렌디피티Serendipity라고 한다. 직관은 데이터로 보여줄 수 없다. 복잡한 과정이 머리를 통해 순간적으로 나온다. 그동안 고민했던 모든 것이 순간적으로 통합되면서 최적의 결론이 도출되는 것이다. 이것은 아무에게나 오는 것이 아니다. 현장을 잘 알고 수많은 자료를 꼼꼼히 분석한 뒤 깊은 고민 끝에 찾아오는 선물이다.

직관은 장기적 학습의 결과이며 극히 짧은 순간에 발현된다. 그 분야에 대해 오랫동안 관심을 갖고, 노력한 사람만이 가질 수 있다. 아무 경험도 없고, 관심도 없던 사람에게는 나타나지 않는다. 엄청난 시간과 노력의 결과로 만들어지는 최고의 판단력이다. 그러므로 평소의 성실한 공부와 자료 수집은 직관과 배치되는 것이 아니라 보완하는 역할을 한다. 분석에 생명을 불어넣는다.

장고 끝에 악수 둔다는 말이 있다. 생각만 하는 것, 너무 오래 장고하는 것이 최선은 아니다. 어느 정도 고민했으면 결정을 해야 한다. 그때 직관이 필요하다. 직관은 문제 해결의 효과적 열쇠다. 고수는 직관이 발달했다. 촉이 날카롭다. 남들이 보지 못하는 것을 본다. 똑같은 것을 보더라도 거기서 다른 것을 본다. "직관을 따르는 것이 가장 중요하다. 당신의 가슴 그리고 직관이야말로 당신이 진정으로 원하는 것을 잘 알고 있다." 평생 자기 느낌에 충실하게 살았던 사람, 스티브 잡스의 말이다.

역발상의 천재들

1967년, 박정희 대통령은 4명의 건설사 대표를 초대한다. 현대, 대림, 삼환기업, 삼부토건 등이다. 거기서 박정희는 소양강댐 계획을 얘기한다. 엄청난 얘기에 다들 숨이 멎을 지경이다. 머릿속이 복잡하다. 이 정보를 어떻게 활용할 것인가? 다른 사람들은 어떻게 하면 이 공사에 참여할까를 생각했다. 낙찰가를 어떻게 할까, 입찰가는 얼마 정도 될까?

하지만 정주영은 달랐다. 회사로 돌아온 그는 다른 임원들은 다 집으로 보내고 재무담당만 불러 현금을 얼마나 갖고 있는지 묻는다. 그리고 당장 현금 보유를 두 배로 늘리라고 지시한다. 정주영이 일주일 후 불러 갔더니 옆에 눈매가 날카로운 40대 남자가 앉아 있었다. 정주영은 소양강댐으로 인해 상습 침수 지역을 벗어나게 될 곳을 지도상에 그리고 그 땅을 집중적으로 매입하기 시작한다. 그게 지금의 압구정동이다. 당시에는 상습 침수 지역이라 별 쓸모가 없던 곳이었다. 이때부터 현대는 엄청난 부를 축적하기 시작한다. 같은 정보를 갖고도 대응 방법이 이렇게 다른 것이다. 이금룡 사장의 강의에서 들은 얘기다. 이처럼 고수들은 보는 눈이 다르다. 정보에 대한 해석도 다르다.

1960년대에 높이뛰기 코치들은 예외 없이 "정면을 보면서 바를 향해 머리로 돌진하라"고 가르쳤다. 자신이 떨어질 곳을 보면서 도움닫기를 하면 심리적으로 안정되고 뛰던 탄력 덕분에 높이 뛰어오를 수 있다고 생각했기 때문이다.

하지만 딕 포스베리란 젊은이가 이런 상식을 비웃고 몸을 비틀어 등으로 바를 넘는 새로운 기술을 선보였다. 시사주간지 〈타임〉조차 "유사 이래 가장 웃기는 방법"이라며 혹평했다. 모든 사람이 그를 비웃었다. 심지어 공식 대회에서 이런 방법을 인정하면 안 된다는 소리마저 나왔다.

그러나 포스베리는 온갖 비웃음을 견디면서 배면도약법을 지켰고 마침내 1968년 멕시코올림픽에서 금메달을 목에 걸었다. 그동안 자신을 비웃었던 사람들에게 한 방 제대로 먹인 것이다.

그 후 육상계는 배면도약법을 '포스베리법'으로 공식 인정했다. 현재 모든 높이뛰기 선수들은 배면도약 방식으로 바를 넘고 있다. 뻔한 생각, 나도 알고 너도 아는 방식, 누구나 할 수 있는 생각으로는 세상을 바꿀 수 없다.

고수는 생각하는 방식이 다르다. 역발상에 능하다. 엉뚱한 생각을 잘 한다. 거꾸로 생각한다. 반대로 하면 어떨까, 하면 어떨까 대신 안 하면 어떨까를 생각해야 한다. 예전에 플라스틱 연구를 할 때의 일이다. 모든 연구원들은 강하고 질긴high impact 소재 개발에 목숨을 걸었다. 그때 어떤 친구가 엉뚱한 제안을 했다. 잘 부서지는 플라스틱을 개발하면 어떨까? 누군가 그걸 개발해서 뭐하게, 라고 하자 다른 친구는 이렇게 얘기했다. "용도가 왜 없어? 화재 경보를 울릴 때 벨 위에 있는 플라스틱도 잘 깨져야 하고, 영화를 찍을 때 쉽게 깨져야 사람들이 부상을 안 당할 거 아니야?" 맞는 말이었다.

기막힌 제품들은 그처럼 거꾸로 생각하다 나온 경우가 많다. 풀이 그렇다. 풀은 접착력이 핵심이다. 붙지 않는 풀은 풀이 아니다. 그래서 보통 강력한 접착력을 가진 풀을 최고로 생각하고, 접착력이 약해 붙었다 쉽게 떨어지는 풀은 불량으로 간주했다. 하지만 3M의 포스트잇은 약한 접착력 덕분에 세계적인 히트 상품이 되었다. 녹음기도 그렇다. 녹음기는 소리의 기록이 생명이다. 녹음기를 만드는 공장장은 어느 날 직원이 녹음기에서 녹음 장치를 떼어 내고 대신 재생 장치를 첨가해 스테레오 음악을 즐기는 현장을 목격한다. 녹음이 안 되는 녹음기, 녹음기를 재생기로 바꾼 발상에서 워크맨이 탄생했다.

이를 위해서는 우선, '전문가의 저주'에서 벗어나야 한다. 자기 분야에 대해서 너무 잘 안다는 생각이 때로는 장애물이 될 수 있다. 농담처럼 "모르면 용감하다"는 말을 하는데 농담이 아닌 사실이다. 전문가란 한 분야만을 오랫동안 판 사람을 말한다. 박사학위 소지자가 대표적이다. 학위를 가진 사람들은 "Ph. D는 '디펜스'defense를 하는 순간 평생 '방어'defend하는 삶을 산다"는 농담을 하기도 한다. 박사학위를 위해 최종적으로 여러 사람들 앞에서 자기 논문이 옳다는 것을 증명해야 학위를 받을 수 있고, 이후에는 그런 식으로 방어만 하다 삶이 끝난다는 얘기다. 즉 새로운 것에 도전하기보다는 자기 영역을 지키고 자기주장이 옳다는 것을 증명하는 데 시간을 투자한다. 그래서 다른 이들보다 유연성이 떨어지고, 다른 영역에 대해 알려 하지 않는다. 때문에 의외로 허점이 많을 수 있다.

모 증권회사는 고객 숫자가 급증하면서 서버를 엄청 늘려야 하는 문제에 봉착했다. 비용도 문제지만 더 큰 문제는 시간이었다. 자칫하면 서버가 다운될 상황이었다. 그때 작은 벤처에서 자신들이 개발한 소프트웨어를 사용하면 10분의 1 비용으로 10배 이상 용량을 키움으로써 문제를 해결할 수 있다고 주장했다. 기술 분야에 훤한 실무자들은 말도 안 되는 이야기라며 강하게 반대했다. 하지만 부서장은 IT를 잘 모르는 사람이라 한 번 해보자고 결정했고 성공했다. 그 결과 서버를 추가하지 않고 문제를 해결했다.

자기에게 없는 것보다 있는 것을 가지고 생각해 보는 것도 한 방법이다. 사람들은 흔히 자신이 가진 것은 생각하지 않고 없는 것을 한탄하는 데 시간을 보낸다.

전라도 함평에는 3가지가 없다. 천연자원도 없고, 관광자원도 없고, 산업 자원도 없다. 하지만 새로 취임한 이석형 군수는 아무것도 없다는 것에서 출발해 '나비축제'를 생각해 내고 최고로 혁신적인 지자체를 만든다. 다른 할 것이 많았다면 굳이 나비 같은 것을 생각하지 않았을 것이다.

하지만 나비축제는 봄 한 철에만 붐빈다는 것이 약점이다. 여름에 무언가 팔 것이 없을까 고민하던 공무원은 그 동네 돌머리

해수욕장을 떠올린다. 그곳은 다들 다른 해수욕장에 비해 경쟁력이 떨어진다고 생각했다. 뻘만 잔뜩 있어 밀물 때는 괜찮지만 썰물 때는 수영을 할 수 없기 때문이다. 그런 얘기를 나누던 중 한 직원이 이를 갯벌 체험장으로 활용하면 어떻겠냐는 의견을 낸다. '주다야싸'(주간에는 다방, 야간에는 '싸롱')처럼 밀물 때는 해수욕장, 썰물 때는 갯벌 체험장으로 하자는 것이다. 그렇게 해서 이들은 해수욕장을 갯벌 체험장으로 변신시켜 팔기 시작한다. 애들이 마음껏 뛰놀게 하고 싱싱한 뱀장어, 게, 조개, 바지락, 망둑어, 짱뚱어, 고둥 등을 잡게 하자는 것이다. 없는 바닷물 타령 대신 갖고 있는 개벌에 주목하자는 역발상의 결과는 기대 이상이었다. 여름 한 달 20만 명이 넘는 사람이 다녀가는 동네 명물이 되었다.

관점의 전환도 필요하다. 엔지니어 출신의 벤처기업이 망하는 이유 중 하나는 신기술만으로 승부를 걸기 때문이다. 고객이 누군지, 시장이 어떻게 반응할지는 생각하지 않고 그저 '끝내주는' 기술 개발에만 목숨을 걸기 때문이다. 끝내주는 기술이 핵심은 아니다. 그 기술로 무엇을 만들고 그것이 고객들에게 어떤 가치를 주느냐가 더 중요하다. 하지만 대부분의 조직은 고객 입장보다는 내 입장에서 무언가를 생각하고 개발하는 데 익숙하다.

내 입장이 아닌 고객 입장에서 사물을 보는 것이 역발상의 핵심이다. 그러기 위해서는 고객이 누군지, 고객들이 정말 보고 싶어하는 것은 무언지를 볼 수 있어야 한다.

비록 스마트폰의 등장으로 그 기세가 이미 기울기는 했지만 닌텐도 게임기의 등장 배경에 대해서는 눈여겨 볼 부분이 있다. 닌텐도는 젊은이들만 즐기는 게임을 누구나 참여할 수 있는 게임으로 바꾸었다. 머리보다는 몸을 움직이면서 온 가족이 즐길 수 있도록 만든 것이다. 이를 위해 닌텐도는 공간에 주목했다. 공간 영역을 확대해 움직이는 공간에서 게임을 할 수 있도록 했다. 공간 영역이 확대되면 그만큼 재미도 증가한다는 사고에서 출발한 것이다. 그래서 누구나 즐길 수 있다. 타깃도 '5세부터 95세까지 게임을 하지 않는 모든 사람들'이다.

일본 홋카이도 최북단에 있는 아사히야마 동물원의 성공도 그렇다. 보통 동물원들은 장사가 되지 않는다. 너무 볼 것이 없기 때문이다. 동물들 대부분은 자거나 어슬렁거린다. 냄새도 난다. 이들은 고객 입장에서 생각해 보았다. 고객들이 정말 보고 싶어 하는 것은 무얼까, 무얼 보여 주면 고객들이 좋아할까를 생각했다. 그 결과 전시 방식을 바꾸기로 한다. 행동전시, 즉 동물들의 생태와 행동을 자연 그대로 보여 주기로 한 것이다. 새로운 위치에서 동물을 볼 수 있게끔 공간을 재설계했다. 예를 들어, 북극곰의 경우 수영하는 모습을 밑에서 볼 수 있게 만들었다. 매일 자거나 어슬렁거리는 모습만 보던 고객들에게는 실로 놀라운 경험이었다. 원숭이는 위에서 볼 수 있게 했다. 그 결과 엄청난 관객들이 몰려드는 동물원으로 거듭났다.

　남들과 똑같은 생각과 행동을 하면서 결과가 바뀌길 기대하는 것만큼 어리석은 일은 없다. 남들과 다르게 살고, 뭔가 차별화하기 위해서는 남들과 다른 생각을 해야 한다. 노자는 "거꾸로 가는 것이야말로 진정한 도의 운동성"反者道之動이란 말을 했다. 모든 사람이 옳다고 하는 길에는 반드시 함정이 있고, 안전하고 편하게 보이는 길이 사실은 가장 위험할 수 있다. 그러므로 고수는 다르게 생각할 수 있어야 한다.

여러 각도에서 본다

고수는 여러 각도에서 접근하지만 하수는 한 가지 측면만 생각한다. 고수는 한 사건에 대해 여러 경우의 수를 생각한다. 반면하수는 좋다, 나쁘다 둘 중 하나다. 하지만 세상만사는 그렇게간단하지 않다. 좋은 면이 있으면 나쁜 면이 있고, 얻은 게 있으면 잃은 게 있다. 그렇기 때문에 뭔가 일이 생겼을 때 여러 각도에서 볼 수 있어야 한다.

연예인에게 벌어지는 스캔들에 대한 고현정의 생각을 듣고그를 다시 보게 됐다. 그런 스캔들이 꼭 나쁜 것만은 아니란 얘기다. 그녀의 말이다. "연예인에게 가십이 없는 건 반성해야 합니다. 연예인은 사람들이 보고 즐기라고 있는 존재입니다. 우리를 보면서 사람들은 위로와 재미를 얻습니다. 삶의 지표나 방향을 잡으라고 있는 존재가 아닙니다. 연예인에게 가십이 없다? 그 가십을 차단한다? 그건 연예인으로서 직무유기입니다. 성녀처럼 대통령처럼 취급받고 싶다면 그건 정신병입니다. 연예인은 무대에 선 광대고, 객석에 앉은 대중은 귀족입니다. 우린 돈과 시간을 투자한 관객들을 어루만지고 즐겁게 해서 보내야 합니다. 어떤 질타나 비난을 받는다고 힘들어 하는 후배를 보면 막 야단을 칩니다. 누릴 것 다 누려 놓고는 몇 분의 일도 안 되는 질타를 받고 사네 못 사네, 힘들어 죽겠네 하다니. 그렇게 완벽하고 싶으면 아예 숨어 살아야지 라고 말입니다. 질타도 관심입니다. 견뎌야 합니다." 그렇게 생각하는 것을 보니 그녀도 어느 정도 경지에 오른 것 같다.

어릴 적 내 별명 중 하나는 덜렁이였다. 물건을 흘리고 자주 잃어버리기 때문에 붙여진 별명이다. 성장해서 조금 나아지긴 했지만 근본은 바뀌지 않는 법. 요즘도 물건 잃어버리는 것에 관한 한 일가를 이룬 사람이다. 그동안 잃어버린 우산을 모으면 우산 가게를 차릴 수 있다. 그래서 우산은 아예 잃어버려도 좋다는 생각으로 갖고 다닌다. 절대 비싼 우산은 사양한다. 지갑, 핸드폰, 가방, 책, 방금 선물 받은 목도리…… 그야말로 마누라와 가족을 빼고는 모두 잃어버린 경험을 갖고 있다. 얼마 전에는 현금이 잔뜩 들어 있는 지갑을 택시에 두고 내렸는데 착한 기사가 주민증을 보고 우리 집을 찾아온 덕분에 기적적으로 찾았다. 1년 전쯤에는 지인이 명품 시계를 선물했다. 내게는 과분한 것이었다. 원래 시계는 잘 차지 않는데 그분의 성의를 생각해서 틈틈이 차고 다녔지만 주로 가방 안에 넣고 다녔다. 그런데 어느 날부터 가방 속 시계가 보이지 않는다. 아무리 생각해도 어디서 잃어버렸는지조차 기억할 수 없다. 정말 나 자신이 미웠다. 도대체 어떻게 생겨먹은 인간이길래 이렇게 칠칠치 못한 것일까?

하지만 어떻게 하겠는가? 나 자신을 미워한다고 문제를 해결할 수 있는 것은 아니었다. 그래서 이렇게 생각하기로 했다. 누군가 내 덕분에 횡재를 했으니 최소한 한 사람에게는 기쁨을 준 것 아니겠는가? 시계 입장에서도 그렇다. 나같이 가방 속에 쳐박아 두고 가끔 차는 사람보다는 늘 차고 다니면서 사랑을 주는 주인 손에 있는 것이 낫겠다. 그렇게 생각하자 훨씬 마음이 편해졌다.

정말 모든 것은 생각하기 나름이다. 짝퉁 때문에 고민하는 명품이 그렇다. 명품의 전제 조건은 짝퉁이 있어야 한다는 것이다. 사람도, 물건도 짝퉁이 돌아다니기 시작하면 명품 반열에 오른 것이다. 그렇게 생각하면 짝퉁을 무조건 미워할 일은 아니다. 가수 나훈아에게는 너훈아가 있고, 배철수에게는 배칠수가 있다. 박상민과 거의 같은 또 다른 박상민은 너무 활발한 활동 덕분에 고소까지 당했지만 사실 그 사람 때문에 박상민은 더 유명해졌다. 안티라는 것도 그렇다. 뭔가 관심이 있어야 미움도 생기고 미움이 있어야 안티도 생긴다. 그렇게 생각하면 안티라고 무조건 미워할 필요는 없다. 비판도 그렇다. 비판은 일종의 찬사다. 비판의 대상이 된다는 것은 그 누군가 우리를 주목하고 있음을 의미한다. 비판보다 슬픈 일은 아무도 우리를 의식하지 않는 것이다. 아무도 관심을 가져 주지 않는 것이다. 조중동에 대한 비판, 대통령에 대한 비난도 사실은 그만큼 관심과 애정이 있기 때문이다. 그런 면에서 연세대학교 송복 교수의 자세는 배울 점이 있다. 그의 말이다.

"강준만이란 사람이 내 욕을 많이 한다고 한다. 하지만 괜찮다. 나를 욕해서 먹고 사는 사람이 있으면 그것도 일종의 보시 布施라고 생각한다. 일본에서는 〈아사히신문〉을 욕해서 먹고 사는 사람이 수천 명이라고 한다. 남을 욕해서 먹고 사는 것도 삶

의 한 방식이라 인정해 주고 싶다. 사람이 비판을 듣지 않으려고
하면 안 된다. 가장 큰 신문, 가장 큰 세력, 가장 큰 영향력을 미
치는 사람을 반대하는 목소리는 늘 있게 마련이다. 심각할 거 없
다. 그런 게 없는 것이 오히려 이상하다. 나를 비판한다는 것은
그만큼 나를 인정해 준다는 것이다."

　하나를 얻으면 하나를 잃는 것은 인생의 진리이다. 높은 자리
에 오른 사람은 욕먹을 각오를 해야 한다. 그만큼 영향력이 세고
다른 사람의 관심을 받을 수밖에 없기 때문이다. 연예인도 그렇
다. 그에 대한 헛소문이나 스캔들이 하나도 없다면 그는 더 이상
연예인이 아닌 셈이다. 국회의원과 대통령도 그렇다. 그들은 욕
먹고 비난받는 일이 주업이다. 그만큼 관심이 높고 잘 하길 바라
기 때문이다. 악플보다 무서운 것은 무플이다. 지금 뭔가 고민이
있는가? 그로 인해 얻는 것이 혹시 있는지 생각해 보라.

관찰력이 뛰어나다

신문에 나온 사진 한 장으로 돈을 번 사람 얘기를 들은 적이 있다. 삼성 이건희 회장이 딸들 손을 잡고 있는 사진이다. 나는 별생각 없이 봤다. 하지만 주식 투자를 하던 그는 이건희의 딸 이부진이 경영하고 있는 회사의 주식을 왕창 샀는데 이후 그 주식이 가파르게 올랐고 그는 차액으로 큰 이익을 얻었다. 케네디 대통령의 아버지는 구두닦이가 주식 얘기를 하는 걸 듣고 다음 날가진 주식을 모두 내다 팔았다. 구두닦이까지 주식 얘기를 한다는 건 이미 오를 대로 올랐다고 판단했기 때문이다. 정확하게 본것이다. 그의 예상대로 얼마 후 대공황이 닥쳤고 모든 주식은 휴지조각이 됐다. 1999년 한국을 방문한 투자가 짐 로저스는 한국 여성들의 옷차림이 눈에 띄게 자유분방해졌음을 보았다. 그는 피임약회사에 투자해 6년 만에 15배의 수익을 거둔다. 여성의 옷차림은 당당한 자기 표현이고 이는 곧 피임 수요가 증가한다는 징조임을 관찰한 것이다.

고수들은 어떻게 이렇게 관찰력이 뛰어날까? 뭔가를 갈구하고 호기심이 강하기 때문이다. 아무 생각 없이 사물을 보면 보이는 것만 보인다. 반면 늘 아젠다를 갖고 있으면 스쳐 지나가는 것에서도 세상을 읽을 수 있다. 그리고 일정 지식이 있어야 한다.

한동안 공장의 불량률 개선에 목숨을 걸고 살았었다. 개선점 발견을 위해 외국 공장을 돌아봤다. 전혀 경험이 없을 때는 아무것도 눈에 들어오지 않았다. 그저 깨끗하네, 여자가 많네, 같이 눈에 보이는 것만 느꼈다. 일 년쯤 공장 근무를 하면서 어느 정도 지식이 쌓인 상태에서 도요타 공장을 잠시 방문했는데 눈이 번쩍 뜨였다. 작업자 뒤에 붙어 있는 관리도표 한 장을 보면서 해법을 찾은 것이다. 아는 만큼 보인다는 사실을 그때 알았다. 지식이 쌓이고 갈증이 심해지니 도표 한 장에서도 결정적 힌트를 얻을 수 있었다. 잘 관찰하려면 잘 준비되어 있어야 한다. 뜻이 있는 곳에 길이 있다.

간절함도 필요하다. 무언가를 간절하게 원하면 더듬이가 발달하게 된다. 별 거 아닌 것에서도 별별 것을 볼 수 있다. 한 주제로 글을 쓰다 보면 관찰력이 발달하는 것을 느낄 수 있다. 박완서 선생의 소설을 보면 그런 생각이 든다. 똑같은 일상을 얼마나 세심하게 살피는지, 사람들 심리를 정확하게 그려 낸다. 아마늘 안테나를 세우고 사물을 보기 때문일 것이다.

관찰은 전체를 보면서 동시에 디테일을 보는 행위다. 망원경을 보면서 현미경을 함께 보는 격이다. 또한 관찰은 무질서에서 질서를 찾아내는 행위다. 그래서 펜싱 선수들은 늘 '견'見하지 말고 '관'觀하라고 얘기한다. 그래야 순간적인 상대의 움직임에 대응할 수 있기 때문이다. 見(견)과 觀(관)은 다르다. 견은 보이는 것을 그냥 보는 것이고 관은 보는 것에서 뭔가를 찾아내는 행위다. 한자를 보면 알 수 있다. 관은 황새를 뜻하는 雚(관)에 견을 합했다. 관은 새를 가리키는 隹(추) 위에 도가머리(새의 머리에 길고 더부룩하게 난 털)와 두 눈이 있다. 황새처럼 예민하게 본다는 뜻이다. 여기에 빠짐없이 생각하여 살핀다는 察(찰)이 합해져 관찰이 된다.

또한 관찰력은 연결하는 능력이다. 세상만사는 다 연결되어 있다. 한 사건이 다른 사건에 영향을 주고 다른 사건은 또 다른 일과 연결된다. 박정희 대통령으로부터 소양강댐 건설 계획을 들은 건설사 사장들은 어떻게 하면 공사에 참여할 수 있을까만 생각했지만 정주영 회장은 상습 침수지역이던 압구정 땅을 대규모로 사들여 대박을 친다. 소양강댐이 건설되면 그 지역 땅이 노른자위 땅이 될 것으로 판단했기 때문이다. 이게 연결 능력이다. 현장을 관찰해야 한다. 고수들은 현장을 좋아한다. 현장에 답이 있다고 생각한다. 그들은 직접 자기 눈으로 확인해야 직성이 풀린다. "관찰력을 갖고 보면 각 시기마다 시장을 이끌고 가는 트렌드가 보여요. 그것을 얼마나 빨리 정확하게 포착하느냐가 관건입니다." 미래에셋 박현주 회장의 말이다.

고수들은 총명聰明하다. 총명이란 귀가 밝고 눈이 예리하다는 말이다. 눈은 겉으로 드러난 뇌다. 결국 고수는 머리가 좋은 사람이다. 그래서 고수들은 일상의 미세한 변화를 주의 깊게 관찰해 포착하는 능력이 있다. "나는 이해력도 부족하고 비범한 기지나 혜안도 없지만, 순식간에 스쳐가는 사물을 세심하게 관찰하는 능력만큼은 누구보다도 뛰어나다." 찰스 다윈의 말이다.

고수들의 생각 정리법

고수들은 어떻게 생각할까? 생각하는 방법에 차이가 있는 것은 아닐까? 《생각의 탄생》이란 책은 거기에 대한 힌트를 제공한다. 레오나르도 다빈치, 아인슈타인, 파블로 피카소, 마르셀 뒤샹, 리처드 파인먼, 버지니아 울프, 제인 구달, 스트라빈스키, 마사 그레이엄 등 역사 속에서 뛰어난 창조성을 발휘한 사람들은 도대체 뭐가 어떻게 다르길래 그런 성과를 냈을까? 어떤 방법으로 고수가 되었을까?

첫째, 관찰이다. 모든 지식은 관찰에서 출발한다. 앙리 마티스는 지나가는 행인의 실루엣을 몇 초 안에 그리는 연습을 했다. 이를 위해서는 행인의 몸짓과 자세에 나타나는 특징을 순간적으로 파악할 수 있어야 한다. 그의 스승은 "5층에서 떨어지는 사람이 바닥에 닿기 전 그를 그려 내지 못하면 걸작을 남길 수 없다"고 얘기했다. 글쓰기에도 예리한 관찰이 필요하다. 서머셋 모옴은 "사람을 끊임없이 탐구하는 것은 작가의 필수 자세다"라고 말했다. 사람의 외관뿐 아니라 대화나 행동까지 관찰해야 한다. 그리고 그냥 보는 것이 아니라 겉으로 보이는 그 너머의 것을 볼 수 있어야 한다. 미술은 보이는 것을 표현하는 것이 아니라, 눈으로 볼 수 없는 것을 포함한 '어떤 것'을 보이게 하는 것이다.

둘째, 형상화다. 교류 전기와 발전기를 발명한 니콜라 테슬라는 "어떤 생각이 떠오르면 머릿속에서 즉시 그것의 기본 모양을 상상으로 그려 본다. 상상 속에서 그것의 구도를 바꿔 보기도 하고 작동시켜 보기도 한다"고 얘기했다. 만들기 전에 머릿속으로 그려 볼 수 있어야 한다. 루치아노 파바로티도 그렇다. 그는 피아노 앞에서 실제 노래를 부르는 것보다 더 많은 시간을 머릿속에서 연습했다. 부르기 전에 음악을 볼 수 있어야 한다. 테네시 윌리암스는 희곡을 쓸 때 배우들이 무대에서 실제 내는 목소리와 말투를 상상할 수 있었다고 한다.

셋째, 추상화다. 추상화는 단순화다. 추상화의 본질은 한 가지 특징만을 잡아내는 것이다. 불필요한 부분을 도려내면서 사물의 본질만을 드러내게 하는 과정이다. 단순화는 불필요한 부분, 없어도 되는 부분을 없애고 고갱이만을 골라내는 작업이다.

넷째, 패턴 인식이다. 선생님이 1부터 100까지의 합을 질문하자 가우스는 수초 만에 '5050'이라고 답한다. 99더하기 1은 100, 98더하기 2 역시 100, 이런 식으로 100의 조합이 50개면 5000일 테고 남은 것은 50 하나뿐, 그러므로 5050. 그는 본능적으로 패턴을 활용해 문제를 푼 것이다. 역학疫學의 선구자인 영국 의사 존 스노우는 지도를 활용해 콜레라의 원인이 물이라는 것을 처음 발견했다. 런던에서 콜레라로 죽은 사람들의 거주지를 지도에 표시하다 보니 사망자 전부가 오염된 물 펌프 하나에서 물을 길어먹었다는 것을 뚜렷이 알 수 있었기 때문이다. 이처럼 패턴을 이용하면 최소의 노력으로 문제를 풀 수 있다. 진리란 결국 패턴을 찾아가는 길이다. 체스의 고수들 역시 패턴 인식의 귀재들이다. 패턴을 알면 흐름을 알 수 있고, 그렇게 되면 다음에 무슨 일이 일어날지 예상할 수 있다. 패턴 인식 능력은 모든 창조 행위의 특징이다.

다섯째, 패턴 형성이다. 바흐는 대칭적인 패턴을 통해 독창적인 음악을 작곡했다. 아프리카 음악은 악보가 없어도 잘 구전된다. 패턴이 있기 때문이다. 더 많은 패턴을 고안할수록 더 많은 지식을 소유할 수 있다. 이해도 더욱 풍요로워진다. 패턴 형성 기술은 모든 학습과 혁신의 열쇠다.

프로기사들은 복기에 능하다. 여러 사람과 동시에 바둑을 둔 후에 그것을 거의 모두 복기한다. 개별로 기억하지 않고 패턴을 기억하기 때문이다. 가진 도구가 오직 망치뿐인 사람에겐 모든 것이 못으로 보인다. 모든 것을 다 두들기려 한다. 반면 고수는 패턴의 수를 많이 가진 사람이다. 경우에 따라 수십 종류의 해결법을 활용하여 문제를 해결한다.

여섯째, 유추다. 유추란 둘 혹은 그 이상의 현상들 사이에 기능적으로 유사하거나 일치하는 내적 관련성을 알아내는 것이다. 예를 들어, 만유인력의 법칙은 유추의 산물이다. 사과를 땅으로 잡아당기는 힘이 있다면 이 힘이 위로까지 뻗어나가 달까지 끌어당길 것이라는 유추가 가능해진다.

19세기 초반 토머스 맬더스는 인구가 이렇게 늘다가는 자원의 한계를 넘고 그렇게 되면 빈곤층은 굶어 죽을 것이라고 예견했다. 이를 들은 다윈은 자연에서도 이 같은 일이 벌어질 것이라고 유추한다. 물고기는 수천 개의 알을 낳고, 나무는 수백만 개의 씨를 뿌리지만 그중 제대로 성장하는 것은 몇 개 되지 않는다. 그렇다면 가장 적합한 자만이 살아남을 것이라고 생각한 것이다. 그것이 바로 적자생존의 법칙이다. 수많은 발명품 역시 유추의 결과물이다. 상처를 봉합하는 데 쓰는 외과용 스테이플러는 원시 부족민들이 무는 개미를 이용해 벌어진 상처를 꿰매는 것을 보고 착안한 물건이다. 착유기는 흡혈거머리를 기계적으로 유추한 것이다. 벨크로(찍찍이)는 옷에 달라붙는 도코마리열매에서 영감을 얻은 것이다. 유추는 사고 작용의 핵심이다. 유추는 다른 것으로 대체 불가능한 생각의 도구다. 유추할 수 없다면 창조할 수 없다.

일곱째, 몸으로 생각하기다. 몸의 일부가 사라진 뒤에도 감각은 살아 있다. 이를 유령사지phantom limbs 혹은 유령감각이라고 부른다. 다리를 잃어버린 사람이 없어진 부위에서 통증이나 가려움을 느끼는 것이 그것이다. 몸이 생각을 하는 것이다. 자전거타기, 피아노 치기 같은 동작은 일단 몸에 익으면 점차 의식하지 않고도 그 일을 할 수 있다. 고수는 머리가 아닌 근육과 세포로 기억하는 사람이다.

여덟째, 감정이입이다. 영화배우 톰 행크스는 어린 시절 우주 여행에 너무 매료되어 무중력 훈련을 흉내 내느라 호스로 숨을 쉬면서 수영장 밑바닥을 걸어 다니곤 했다. 이처럼 감정이입은 그 사람이 되어 보는 것이다. 다른 사람의 몸과 마음을 통해 세계를 지각하는 것이다. 문제 속으로 들어가 그 문제의 일부가 되는 것이다. 사냥에 성공하려면 사냥감처럼 생각하고, 좋은 낚시꾼이 되려면 고기처럼 생각해야 한다.

3장

고수의 자기 관리

호기심이 강하다

고수들은 호기심이 강하다. 필수불가결의 조건이다. 호기심이란 선악을 떠나 뭔가 다른 것, 저 멀리 있는 것, 이해하기 힘든 것을 알아내려는 인간의 욕망이다. 호기심이 있으면 세상은 재미있고 호기심이 사라지면 세상은 지루하다. 호기심은 인간의 원초적 본능이다. 발전의 원동력이다. 떨어지는 사과를 보고 뉴턴은 만유인력의 법칙을 발견했다. 호기심이 있었기 때문이다. 과학자는 사물의 원리에 대한 호기심이 있어야 한다.

지적 호기심이 어중간한 사람, 지적으로 나태한 사람은 모두 자기방어적이고 변화에 소극적이다. GE의 잭 웰치, 야마하를 중흥시킨 가와카미 겐이치, 소니의 창업자 모리타 아키오는 모두 말이 빠르다. 기관총처럼 질문한다. 호기심이 강하기 때문이다.

좋은 리더가 되려면 사람에 대한 호기심이 있어야 한다. 호기심이 있어야 관심이 생긴다. 관심이 생기면 관찰을 하게 된다. 질문을 하게 된다. 공부도 하게 된다. 그러면서 지식도 생기고 애정도 생긴다. 호기심은 세상을 풍요롭게 살기 위한 가장 중요한 자산이다.

호기심은 살아 있다는 증거이다. 젊다는 상징이다. 싱싱한 사람일수록 호기심이 많고 상태가 안 좋은 사람일수록 호기심이 적다. 호기심이 없는 인간은 죽은 것과 같다. 그런 면에서 어린 애들은 호기심 덩어리다. 왜 포도는 다닥다닥 붙어 있나요? 왜 달은 둥글어요? 왜 물은 차가워요? 어떻게 저런 게 다 궁금할까 하는 생각이 든다. 그 질문들을 다 설명할 길이 없다.

돈과 행운은 가끔 얼떨결에도 오지만 깨달음은 간절히 원해야만 온다. 시장기가 최고의 입맛인 것처럼 호기심은 그 자체로 배움의 가장 중요한 조건이다. 이처럼 깨달음과 배움의 전제 조건은 호기심이다. 피터 드러커 같은 경영학 구루가 강연을 하더라도 궁금한 게 없고 아쉬운 게 없는 사람에겐 무용지물일 뿐이다. 하지만 호기심이 있는 사람에겐 세상 모든 사건과 사람이 배움의 대상이다.

대한민국에서 제일 유명한 스시집 '스시효'의 안효주 사장에게 어떤 기자가 질문했다. "이곳에는 부자들이나 성공한 사람들이 많이 올 텐데 어떤 공통점이 있나요?" 안 사장은 잠시 생각하더니 이렇게 대답했다. "성공한 사람들은 호기심이 많더군요. 궁금한 게 있으면 참지 못하고 물어봅니다. 그게 다릅니다." 맞는 말이다. 호기심은 성공의 필수조건이다. 호기심은 배움의 출발점이기도 하다. 궁금한 게 없으면 배울 수 없고 나아질 수 없다. "호기심은 활기찬 지식인의 영원하고 확실한 특징이다." 사무엘 존슨의 말이다.

모 컨설팅회사 사장에게 일류 컨설턴트가 되기 위한 조건이 뭐냐고 물어봤다. 그분은 이렇게 답했다. "호기심과 체력입니다. 컨설턴트는 일정한 도구와 프로세스를 갖고 일을 합니다. 고객이 바뀌고 업은 변하지만 하는 일의 본질은 비슷합니다. 호기심이 없는 사람들은 금방 싫증을 냅니다. 그리고 쉽게 지칩니다. 하지만 호기심이 있는 사람은 자가발전을 합니다. 호기심이 연료 역할을 하는 것이지요." 호기심이 있어야 삶이 풍요로워진다. 지루하지 않다. 주변에서 삶이 지루해졌다는 얘기를 하는 사람이 있다. 뭘 해도 재미가 없다는 것이다. 그런 얘기를 들을 때마다 이렇게 얘기해 주고 싶다. "세상이 지루해진 것은 아니다. 세상은 예나 지금이나 마찬가지다. 세상이 지루해진 것이 아니라 당신의 호기심이 사라졌기 때문에 그렇게 느끼는 것이다."

신나게 세상을 살고 싶다면 호기심을 살려야 한다. 이를 위해서는 자극이 필요하다. 환경의 변화, 하는 일의 변화, 새로운 사람과의 만남, 여행 등이 자극이 될 수 있다.

외국어를 배우는 데도 호기심은 중요하다. 나는 호기심 덕분에 어렵지 않게 일본어와 한자를 공부하고 있다. 무엇보다 재미가 있다. 이런 식이다. '첨단산업'에서 첨은 뾰족할 첨尖자다. 가만히 들여다보니 아래는 클 대大, 위에는 작을 소小를 쓴다. 큰 것이 점점 작아진다는 의미다. 아하, 그러니까 뾰족해진다는 말이구나. 초복, 중복할 때 쓰는 엎드릴 복伏자도 그렇다. 사람 인亻변에 개 견犬자를 썼다. 아하, 더우니까 사람이 개처럼 엎어져 있다는 말이구나. 부유할 부富는 집 아래 한 일一, 입 구口와 밭 전田이 있다. 식구는 적고, 밭은 많으니 부자가 될 수밖에 없다는 말이다. 대조적으로 가난할 빈貧자는 나눌 분分에 돈을 뜻하는 조개 패貝로 구성되어 있다. 돈을 나누니 가난하다는 말이다. 이런 식으로 해석하니 한자를 배우는 게 너무 재미있고 잘 잊히지 않는다.

 일본어도 그렇다. 처음 배울 때 일본어는 많은 부분 한국에서 건너갔다는 얘기를 듣고 자꾸 연결하는 버릇이 생겼다. 그러다 보니 재미있고 쉽게 외워졌다. 이런 식이다. 일본 말로 학鶴은 스루다. 우리말로는 두루미다. 스루와 두루는 같은 말이 아닐까? 두루미는 물에 사는 학이란 말일 것이다. 미는 우리말로 물을 뜻한다. 미나리는 물에 사는 나리, 미숫가루는 물에 타서 먹는 가루란 말이다. 일본 북부에 사는 아이누족에 대한 얘기를 듣고 어린 시절 혼혈아를 아이노꼬라고 놀렸던 생각이 났다. 그때는 무슨 뜻인지 몰랐다. 그 말을 듣고 아이누족의 아이란 말이었다는 생각이 들었다. 이런 식으로 기존의 지식들이 연결되고 새로운 깨달음이 올 때의 즐거움은 맛본 사람만이 안다.

 이름이나 제목의 의미를 묻는 것도 호기심을 충족시키는 좋은 방법이다. 지금은 사라진 종로의 피맛골이 그렇다. 참 특이한 이름이라 어원을 알아봤더니 뜻이 있었다. 큰 길은 말이 다니기 때문에 지저분하고 시끄러웠다. 그런 큰 길의 말을 피해 뒷골목으로 다닌다는 의미로 '피마'避馬라는 단어에서 나온 말이었다. 그 말을 듣는 순간 새로운 깨달음이 왔다. 기업 이름도 그렇다. 웅진그룹은 윤석금 회장이 충남 공주 사람이라 공주의 옛 지명인 웅진을 회사 이름으로 쓴 것이다. 남양유업은 남양 홍씨인 오너가 본관을 가져온 것이고, 보령제약은 고향인 보령을 생각하며 지은 것이다. 알고 보는 것과 모르고 보는 것은 느낌이 다르다.

　인간은 호기심의 동물이다. 주어진 것에 대해 의문을 품고 질문을 던지는 과정을 통해 문화를 발전시킬 수 있다. 질문할 수 있는 능력이야말로 진화의 비결이다. "가장 위대한 업적은 '왜'라는 아이 같은 호기심에서 탄생한다. 마음속 어린아이를 포기해서는 안 된다." 스티븐 스필버그 감독의 말이다. 고수가 되기 위해서는 호기심을 발전시켜야 한다.

주제 파악

몇 년 전 서울대 경영대 졸업식에 손길승 SK텔레콤 명예회장이 축사를 했는데 참으로 감동적이었다. 이런 내용이다.

"여러분, 졸업을 진심으로 축하합니다. 저는 서울대 경영대 60학번입니다. 제가 졸업할 때만 해도 한국은 정말 어려웠습니다. 돈도 기술도 없었습니다. 장충체육관을 지은 기술자도 필리핀 사람들입니다. 당시 우리 국민 소득은 100불이 되지 않았고 필리핀은 584불이나 됐습니다. 그래서 잘 사는 나라가 어려운 나라를 위해 장충체육관을 지어 준 것이지요. 나라가 어려우니 졸업해도 갈 데가 없었습니다. 은행 같은 금융기관이 전부였지요. 우리 동기들은 대부분 금융기관에 취직했습니다. 하지만 저는 선경직물이란 중소기업에 들어갔습니다. 그러자 서울상대 나온 사람이 왜 그런 회사엘 가느냐며 사람들이 의아해했습니다. 하지만 지금은 어떻습니까? 현재 SK그룹은 포춘 500대 기업 중 72위입니다. …… 여러분은 사회에서 0.5퍼센트 안에 드는 사람들입니다. 하지만 강호에 나가면 초절정고수로 차고 넘칩니다. 서울대 나왔다고 폼 잡아서는 성공하기 힘듭니다. 사실 별거 아닙니다. 청출어람이 되어야 합니다. 'Stay young, enjoy challenge' 하십시오."

핵심은 자리에 연연하지 말고 열심히 해서 그 자리에 있기 아깝다는 소리를 들으라는 얘기다. 세상에는 두 종류의 사람이 두 종류의 행동을 한다. "저 사람은 저 자리에 있기 아까운 사람이야"라는 소리를 듣는 사람과 "저 사람이 어떻게 저 자리까지 올라왔지, 뭔가 석연치 않은데"라는 소리를 듣는 사람이다.

이런 두 종류 사람은 다음과 같은 두 가지 행동을 할 수 있다. 우선, 아까운 사람이다. 그는 아깝다는 소리를 듣지만 개의치 않고 지금 자리에서 최선을 다하거나, 자신이 이런 곳에 있을 사람은 아니라는 생각에 늘 다른 곳을 바라보거나 둘 중 하나다. 다음은 부족한 사람이다. 자신이 부족하단 사실조차 인식하지 못하고 무소불위의 권력을 행사해 사람들의 미움을 받거나 자신이 부족하다는 사실을 인지해 겸손하게 계속 배우려고 하거나. 여러분은 네 가지 중 어디에 해당하는가? 어떤 삶을 살고 있는가?

오래전 인천공항공사의 이채욱 사장은 중학교 졸업식 때 다음과 같은 황의복 교장선생님의 연설을 들었고, 몇 십 년이 지난 지금도 가슴에 새기고 있었다.

"저는 최고 학부를 최고의 성적으로 졸업했습니다. 당시 우리 학교에서 최고의 인재는 자동적으로 한국은행을 갔는데 그해는 일이 생겨 한국은행이 채용을 하지 않았습니다. 할 수 없이 조금 떨어지는 S은행을 가게 되었습니다. 하지만 늘 최고의 직장에 가지 못했다는 생각이 들어 최선을 다하지 않았습니다. 그러다 보니 회사에서 인정을 받지 못했고 자꾸 밀렸습니다. 그러다 어찌어찌 하여 이곳 시골학교 선생으로 오게 되었습니다. 내가 누군데 라는 교만이 저를 망친 것입니다. 여러분은 저 같은 전철을 밟지 마시길 바랍니다. 어디를 가도 감사한 마음으로 최선을 다하시길 빕니다."

고수는 주제 파악을 잘 한다. 착각의 정도가 적다. 자신이 생각하는 자기 모습과 남들이 생각하는 자기 모습 사이에 차이가 크지 않다. 하지만 하수는 주제 파악을 못한다. 자기 그릇은 요만한 사이즈인데 그것을 모른다. 갈 자리 안 갈 자리 가리지 않는다. 할 말과 하지 않아야 할 말을 구분하지 못한다. 욕심에 눈이 멀어 과욕을 부리다 실패한다.

총선 때마다 거기 나가려는 사람들이 많다. 그럴 때 본능적으로 저 사람이 저기에 맞는 사람인가, 부족한 사람인가 하는 생각을 하게 된다. 자격이 있는 사람일수록 그런 자리에 관심이 없고 그렇지 못한 사람일수록 지대한 관심을 보이는 경우가 많다. 불행한 일이다. 인생 최대의 비극은 맞지 않는 옷을 입고 생활하는 것이다. 자기에게 맞지 않는 자리에 오르는 일이다. 그러면 개인도 조직도 불행해진다.

하수는 자기 분수를 모른다. 주제 파악을 하면 무리하지 않는다. 억지로 자신을 광고하지도 않는다. 생긴 대로 살 때 행복하다. 그릇 사이즈에 맞는 일을 해야 행복하다. 그릇보다 약간 작은 일을 하는 것도 괜찮다. 그래서 주변 사람으로부터 "저 사람은 저 일 하기에는 조금 아깝다"는 얘기를 듣는 것이 오히려 더 나은 선택일 수 있다. 그러면 자기 역량의 70퍼센트만 발휘해도 충분히 일을 할 수 있고, 이 자리에서 실력을 쌓아 더 큰 자리로 진출할 수도 있다. 장기적으로 세상은 합을 향해 간다. 될 사람은 되고, 안 될 사람은 안 된다. 핵심은 주제 파악이다. 자신의 정확한 그릇을 파악하는 것이다. 그러면 그렇게 기뻐할 것도 분할 것도 없다. 아내는 늘 내게 두 가지 충고를 한다.

"당신은 주제 파악과 문맥 파악만 하면 괜찮은 사람이야." 당신은 어떤 사람인가?

스스로 광고하지 않는다

요즘 헬스장 전단지로 거리가 어수선하다. "폭풍 다이어트, 한 달 20kg 감량 보장, 골프 플러스 코칭에 얼마……" 하는 식이다. 그런 전단지는 그 자체로 장사가 얼마나 안 되는지를 천하에 알리는 일이다. 참 어리석다. 그런다고 사람이 오지는 않는다. 온다 해도 투자 대비 효과가 떨어진다. 차라리 그 시간에 어떻게 하면 사람들을 잘 가르칠지 공부하는 게 낫다. 내가 다니는 헬스장은 광고하지 않는다. 알 만한 사람들은 입 소문을 듣고 찾아가기 때문이다. 재래시장은 시끄럽다. 자기 존재와 가치를 알리려는 상인들의 외침 때문이다. 반면 명품거리는 조용하다. 명품은 호객하지 않는다. 그게 고수의 품격이다.

나는 컨설팅을 하기 전에 그 회사의 사무실에 가보는 것을 원칙으로 한다. 그들에 대해 알 수 있는 좋은 기회이기 때문이다. 사무실 레이아웃, 조명, 인테리어, 직원들 표정을 보면 많은 걸 알 수 있다. 그 사람이 보는 책도 중요하다. 책은 거의 없고 매뉴얼만 있는 경우라면 무미건조한 사람일 가능성이 높다. 다양한 책은 다양한 관심과 학습 의욕을 나타낸다. 무엇보다 사무실 내 사진이 결정적인 정보를 제공한다. 가족사진을 걸어놓은 사람은 가정적일 가능성이 높다. 직원들과 워크숍 가서 찍은 사진이 가운데 있으면 회사 일에 우선순위가 있는 사람이다. 최고 권력자와 찍은 사진을 크게 확대해 걸어 놓은 사람은 권력 지향적이다. 자신이 나왔던 각종 신문기사로 벽을 도배한 사람은 자기 과시욕이 강한 사람이다. 자신이 얼마나 잘 나가는지 보여 주고 싶은 것이다. 명함을 보면 거의 이력서 수준으로 늘어놓은 사람도 있다. 그 사람 역시 존경에 목말라 한다.

세상에는 두 종류의 사람이 있다. 한 쪽은 사람들을 찾아다니며 자신을 광고하는 이들이다. 자신이 얼마나 대단한 사람인지를 알리기 위해 전력투구한다. 자신을 알리는 데 목숨을 건다. 다른 한 쪽은 자신을 숨기는 사람들이다. 사람들에게 알려지는 것을 탐탁하게 생각하지 않는다. 하지만 사람들은 후자에게 몰려든다. 누가 고수이고, 누가 하수일까? 당신은 어디에 속하는가?

　북한의 장군들은 옷에 훈장을 주렁주렁 달고 나온다. 왜 그럴까? 아마도 북한에서는 돈 대신 훈장을 주었을 것이다. 내세울 게 없으니 훈장이라도 단 것이다. 자신이 별 볼 일 없다는 걸 광고하는 행위다. 하수들이다.

　맥킨지는 광고하지 않는다. 김앤장도 그렇다. 가만있어도 고객들이 오기 때문이다. 그게 고수다. 하수는 자기자랑을 많이 한다. 기회만 되면 자신이 얼마나 대단한지 떠들어 댄다. 하수는 자신을 알리기 위해 배우고 알리기 위해 존재한다. 알리는 걸 역사적 사명으로 생각한다. 자신을 알리기 위해서는 영혼까지 팔 수 있다.

　하수에게는 허명이 있다. 이름에 거품이 잔뜩 끼어 있다. 텔레비전에 출연하고 유명하지만 막상 만나보면 별 볼 일 없다. 고수는 이름값을 한다. 거품이 없다. 명불허전 소리를 듣는다. 그런 이름이 전혀 아깝지 않다. 이름은 없는데 내공이 출중한 사람들도 있다. 숨은 고수들이다. 그들은 고수지만 드러내고 싶어 하지 않는다. 실력있는 진짜 부자들을 보면 궁금하고 욕심이 생긴다. 어떻게 그런 내공을 쌓았는지 알고 싶다. 그들 대신 내가 좀 알리고 싶어진다. 하지만 그들은 알려지고 싶은 생각이 없다.

인정에 대한 욕구는 뿌리칠 수 없는 원초적 본능이다. 인정을 받는 것은 기쁜 일이다. 그렇지만 인정 중독을 조심해야 한다. 인정 중독은 누군가 조금이라도 자신을 소홀하게 대한다는 느낌이 들면 세상을 원망하고 섭섭해지는 병이다. 무대 위의 스타처럼 계속 모든 사람들이 자신만을 보고, 자신의 편에 서서 환호해야 마음이 편한 병이다. 한 번도 실패를 경험하지 않고 늘 성공가도만을 달려온 사람, 대단한 권력을 오랫동안 누려왔지만 지금은 아닌, 갑甲 생활을 오래 한 사람 중에 특히 많다. 늘 떠받들며 살아온 부잣집 외아들 중에도 제법 있다. 인정 중독에는 약도 없다. 이런 사람들은 인정받기 위해 목숨을 걸기 때문이다. 인정을 받는 데서 자신의 정체성을 찾고, 인정받지 못한다는 느낌이 들면 남을 깎아내리든지 자기 입으로 자신이 얼마나 대단한 사람인가를 직접 알리기 위해 애쓴다.

인정 중독 증세는 하수에게나 나타나는 병이다. 고수는 이 단계를 넘어선 사람이다. 남이 인정을 해주면 고맙지만 인정을 하지 않아도 상관하지 않는다. 섭섭해하지도 않는다. 시간이 되면, 때가 되면 알 사람은 알 것이란 자신감이 있다.

직함이 높다고 고수는 아니다. 직함은 높지만 하수인 사람이 의외로 많다. 반대로 직함은 없지만 고수도 상당하다. 중요한 것은 그 사람 자체다. 직함에 관계없이 뿜어져 나오는 것이 그 사람의 내공이다.

"어중간한 재능을 가진 사람은 직함을 자랑 삼는다. 대단한 재능이 있는 사람은 직함을 거추장스럽게 생각한다. 약간 재능이 있는 사람은 직함을 더럽힌다." 조지 버나드 쇼의 말이다. 당신은 어떤 사람인가?

내가 하면 자랑 남이 하면 칭찬

옛말에 초학 삼년이면 천하무적이고, 재수 삼년에 촌보난진寸步
難進이라 했다. 풀이하자면, 글 3년 배운 사람에게는 눈에 보이는
게 없지만 배울수록 앞으로 나아가기 어렵다는 말이다. 고수는
스스로 자랑하지 않는다. 하수는 시간만 나면 자기자랑을 한다.

얼마 전 어떤 교수의 강의를 들은 적이 있다. 처음부터 끝까
지 자기자랑이다. 우선, 마누라 자랑이다. 자기 마누라도 교수인
데 자기보다 더 유능하단다. 주로 해외에서 알아주기 때문에 국
내에선 보기가 어렵단다. 그런 유능한 부인이 자기를 찍어 결혼
했으니 자기는 정말 대단한 사람이란 얘기다. 둘째, 자신이 얼마

나 거물들을 많이 아는지를 주절주절 늘어놓는다. 모 회장과 저녁을 먹었고, 자기 학생을 모 회장에게 추천했으며, 그 회장이 자기 강의를 듣고 싶어 하고 등등. 셋째, 자기가 얼마나 인기가 있는 강사인지, 그래서 얼마나 피곤하게 사는지를 떠든다. 한 달 내내 강의 때문에 입술이 터졌단다. 어제도 지방 강의를 마치고 새벽에 들어왔다고 한다. 왜 그렇게 대한민국 사람들이 자기를 원하는지 모르겠단다. 넷째, 학생에 대한 무한한 사랑이다. 국내에서 자기만큼 학생을 사랑하는 사람은 없단다. 물론 학생들도 자기를 끔찍이 사랑하고. 교수 생활이 힘들어 그만두고 싶은데도 학생들이 눈에 밟혀 그만둘 수가 없다는 식이다.

이쪽은 바닥이 좁아서 한 다리만 건너면 그 사람에 대한 평을 비교적 정확히 들을 수 있다. 근데 그 사람 얘기와는 완전 반대다. 특히, 학생들이 제일 혐오하는 교수이고 거의 왕따에 가깝다는 말이 많다. 자신에 대해 그렇게까지 착각하며 살 수 있다는 것 자체가 놀랍다. 표정으로 봐서는 정말 그렇게 생각하며 사는 것 같다. 본인은 행복하겠지만 주변 사람은 미칠 노릇이다.

자랑은 인간이 가진 가장 강력한 욕구 중 하나다. 그 정도면 충분할 것 같은데 계속 사세를 키우는 사장님에게 사업하는 목적을 물어봤더니 "폼 잡고 싶어서요"라고 답한다. 솔직한 답변이다. 욕을 바가지로 먹으면서도 계속해서 언론 매체에 등장하는 모 교수도 그 밑바닥에는 "자신이 얼마나 똑똑한 사람인지"를 보여 주고 싶기 때문일 것이다.

사람들이 SNS에 올리는 글들도 대부분 자랑하는 내용이다. "나 해외에서 대학 나왔다, 나 가족들과 이렇게 사이가 좋다, 나 맛난 것 먹는다, 나 이렇게 괜찮은 사람이다, 부럽지?"라고 얘기하는 것이다. 만약 "SNS에서 자랑을 하면 안 됩니다. 자랑하면 자동 삭제됩니다"라는 경고문이 뜨고 자기 자랑에 관한 글은 가차 없이 삭제된다면 SNS에 올라오는 글은 거의 없을 것이다. 그만큼 자랑은 억제하기 어려운 욕망이다. 지금 글을 쓰는 나 역시 저변에는 자기가 잘났다는 걸 은근히 보여 주고 싶기 때문일 것이다.

하지만 이런 자랑은 조심해야 한다. 자칫 상대의 기분을 상하게 할 수 있다. 친구에게 밥 한 번 사지 않으면서 자기가 얼마나 돈이 많은지를 자랑하는 사람은 밥맛이다. 요즘에는 자랑'질'이란 말까지 등장했다. 듣기 싫다는 말이다.

그런데 자기자랑도 잘하면 귀여움을 받을 수 있다. 문화심리학자, 김정운 교수가 그 방면에는 발군이다. 김 교수만큼 노골적으로 자랑을 하는 사람은 찾아보기 어렵다. 이런 식이다. "대한민국에서 저 같은 교수는 찾아보기 어렵습니다. 강의가 되면 글이 안 되고, 글이 되면 강의가 안 되는데, 전 강의도 되고 글도 되고 거기다 얼굴까지 받쳐 줍니다." 이런 말도 자주 한다. "오늘 강의 중에 제 자랑을 많이 할 겁니다. 조금 힘들 수 있습니다. 그래도 참아야 합니다. 그만큼 제가 잘났기 때문입니다." 근데 그는 마지막에 이런 말을 한다. "이렇게 잘난 사람이지만 마누라와 애들한테는 꼼짝 못합니다. 이런 말 했다는 걸 알면 마누라가 잡아먹을 듯이 쨰려볼 겁니다." 다들 뒤집어진다. 그렇게 시간만 나면 자기자랑을 하지만 그가 밉지 않은 것은 자신을 객관적으로 보면서도 적절한 때에는 낮출 줄도 알기 때문이다. 실제의 그와 사람들이 생각하는 그 사람 사이의 거리가 그리 멀지 않은 덕분이다.

고전에는 자랑에 관한 경고의 글이 많다. "남이 알아주지 않아도 연연하지 않을 수 있는 게 대인이다. 억지로 공을 내세우지 마라. 공은 내세우는 순간 날아가 버린다. 진짜 금은 도금할 필요가 없다……" 등등. "스스로를 자랑하는 자는 공이 없고, 스스로를 칭찬하는 자는 오래 가지 못한다. 이는 모두 발끝으로 오래 서 있으려는 것과 같다." 《노자》에 나온 말이다. 본인이 하는 자랑은 약효가 없다. 남의 입을 통해 들어오는 자랑이 진짜 자랑이고 효과도 좋다. 근데 그게 안 되는 것은 초조하기 때문이다. 실제 그 정도 실력이 안 되기 때문이다. 그래서 자기 입으로 자랑을 하는 사람은 하수다. 그 면에서 난 완벽한 하수다. 한 개를 하고도 열 개 한 것으로 알아주기를 바라기 때문이다. 우리 집에서 내 별명은 '자랑쟁이'다.

시간 도둑이 되지 마라

고수는 시간을 잘 지킨다. 시간에 대해 거의 강박증을 갖고 있다. 애경그룹 장영신 회장도 그렇다. 그분은 약속 시간보다 최소한 10분 먼저 도착하는 습관을 갖고 있다. 그의 책《밀알 심는 마음》에 이런 내용이 있다.

"저는 사업상으로나 개인적으로 약속을 하면 꼭 10분 전에 나가 상대방을 기다립니다. 약속 시간보다 단 5분이라도 늦는 사람은 첫 대면부터 뭔가 부족한 사람이란 평가를 내리게 됩니다. 저는 부하 직원을 평가할 때도 시간관념을 하나의 척도로 삼습니다. 시간 하나 제대로 못 지키는 사람이 무슨 일을 할 수 있겠느냐는 게 제 생각이거든요. 시간은 비즈니스를 포함한 모든 인간관계에서 성패를 좌우하는 첫 관문입니다. 약속 시간을 제대로 지킨다는 작은 사실 하나가 그 사람의 성격과 인격을 대변합니다."

반면, 하수는 시간 약속을 소홀히 한다. 약속을 중요하게 생각하지 않는다. 최근에 철학 강의로 유명한 모 씨가 그렇다. 어떤 모임에서 약속한 강의 시간에 나타나지 않았다. 근데 연락이 되지 않았다. 나중에 물어보니 깜박했단다. 어이가 없었다. 할 수 없이 그날 하지 못한 강의를 한 달 후에 하기로 했다. 근데 당일 시간이 됐는데 또 그 시간에 안 보인다. 연락 역시 되지 않았다. 담당자는 애가 탔다. 한 시간 후 나타난 그는 미안하다는 말도 없이 태연하게 강의를 시작했다. 하지만 사람들의 귀에 강의가 제대로 들어올 리 없었다. 청중들은 그를 사람 취급하지 않았다.

사람을 판단하는 가장 간단한 방법이 서로 정한 시간을 잘 지키는지의 여부다. 회의 때 제시간에 오는지를 보면 그 사람이 어떤 사람인지 알 수 있다. 수업 시간도 그렇다. 늘 늦게 와서 뒤에 앉는 친구들이 있는데 볼 것도 없다. 성적도 그렇고 그다지 성실치도 않다. 일류 기업은 대부분 제시간에 모여 회의를 시작한다. 삼류 기업은 모이는 데만 30분이 걸린다.

시간을 지킨다는 것은 단순히 습관의 문제를 넘어서서 성실성의 척도가 된다. 늘 제시간에 오는 사람은 자기 삶에 대해 책임감을 갖고 사는 착실한 사람이다. 믿을 만하다. 반면에 늘 늦는 사람은 우선순위 없이 그저 닥치는 대로 하루하루를 살 가능성이 높다. 시간을 지키는 것을 보면 그 사람이 상대에 대해 무슨 생각을 하는지를 알 수 있다. 별다른 이유 없이 상대를 기다리게 한다는 것은 무의식 중에 '나는 당신을 존중하지 않습니다. 나 같은 사람을 만나려면 그 정도는 기다려야 하지 않겠습니까?'라는 교만이 숨어 있다. 위험한 일이다. 직원과의 회의 때 상습적으로 늦는 상사는 말은 안 하지만 "나는 높은 사람이고, 당신들은 직급이 낮으니까 기다리는 것은 당연한 일이야. 나는 당신들을 우습게 보거든"이라고 얘기하는 것과 같다.

고수들은 시간 약속이 철저하다. 그것이 투자 대비 효과가 뛰어난 행동이란 사실을 알기 때문이다. 무엇보다 상대의 호감을 살 수 있다. 이것만큼 쉽게 상대의 호감을 살 수 있는 행동은 흔치 않다. 10분만 일찍 도착해 차분한 마음으로 생각을 정리해 보라. "이 사람이 왜 나를 만나자는 것일까? 내가 이 사람을 위해 무엇을 할 수 있을까?"라는 생각을 하는 것만으로도 마음의 평화와 함께 상대의 호감까지를 얻을 수 있다.

록펠러의 어머니는 어린 록펠러에게 늘 두 가지를 당부했다. "예배 시작 30분 전에 교회에 도착할 것과 맨 앞자리에 앉을 것"이 그것이었다. 단순한 것 같지만 핵심이 되는 행동 수칙이다.

시간을 지키지 않는 사람들은 이 문제를 사소하게 생각한다. "별 것 아닌 것 가지고 왜 그래? 살다 보면 늦을 수도 있잖아." 맞다. 살다 보면 그럴 수도 있다. 하지만 늘 그런 것이 문제다. 일단 시간을 지키지 않는 사람으로 인식되면 삶이 고달파진다. 생각보다 엄청난 '벌금'을 물어야 한다. 남의 시간을 훔쳤다는 오해를 받을 수도 있고 때론 자기를 우습게 봤다는 억장 무너지는 얘기를 들을 수도 있다. 회의 때 상습적으로 늦는 것도 위험하다. 공개적으로 "나 같은 사람과는 절대 일을 같이 하지 마세요. 저는 못 믿을 사람입니다"라고 광고하는 것이나 마찬가지다. 간부 회의에 30분 늦은 사람에게 간디는 이렇게 말했다.

"당신이 인도의 독립을 30분 늦췄소."

우리는 시간 약속에 대해 약간의 강박증을 가져야 한다. 그게 고수다.

화내지 않는다

최근 언제 화를 냈는가? 기억이 없다면 고수다. 하루에도 몇 번씩 화를 냈다면 하수다. 화를 내면 본인이 가장 손해다. 건강을 해치고 자칫 죽을 수도 있다. 김정일의 사망 원인은 바로 화다. "희천발전소가 부실 공사로 인해 누수 현상이 심각하다"는 보고를 받고 대로大怒하다 죽었다는 정보가 있다. 보고를 받은 김정일은 "빨리 수리하라"고 호통을 친 뒤 분을 삭이지 못한 채 자강도 현지 시찰을 서두르다가 급사했다는 것이다.

고수들은 좀처럼 화를 내지 않는다. 하수들은 화를 낼 만반의 준비가 되어 있다. 화를 내면 주변 사람들이 불편하다. 그런 사람을 좋아할 사람은 세상에 아무도 없다. 독거노인이 되고 싶으면 자주 화를 내면 된다. 화를 자주 낸다는 것은 그만큼 당신이 미성숙하다는 증거다. 화는 상황에 대한 당신의 반응이다. 똑같은 일에 대해서도 상태에 따라 화가 나기도 하고, 나지 않기도 한다. 사람들은 왜 화를 낼까? 화를 낸다고 달라지는 것이 있을까? 화가 나는 이유가 뭘까?

첫째, 자기 삶이 마음에 들지 않기 때문이다. 나도 사는 게 힘들 때 화를 자주 냈다. 대상은 아내와 애들이었다. 별일 아닌 것에도 불같이 화를 내는 자신을 보면서 "내가 왜 이러지"라고 의아해했다. 이처럼 자신에게 화가 나 있으면 화를 잘 낸다. 이런 종류의 화는 오래 간다. 자신감이 생겨야 비로소 사라진다. 삶이 보다 안정적이 되면서 화를 내는 일이 급격히 줄었다. 최근에는 거의 화를 낸 기억이 없다.

둘째, 교만 때문이다. 화를 잘 내는 사람 중에는 잘나고 똑똑한 사람이 많다. 화를 내면서 상대를 고쳐 놓으려고 한다. 하지만 화를 내서 누군가를 고쳤다는 얘기는 들은 적이 없다. 자신을 대단한 사람으로 생각하면 화나는 일이 많아진다. 눈이 나빠 인사를 못한 부하에게 화가 난다. 모임에서 자신을 제대로 소개 안

하거나 한 마디 할 기회를 안 줘도 화가 난다. 감히 나를 몰라보고 지들끼리 논다는 생각에 부아가 치민다. 마중을 나오지 않는다고, 예우를 하지 않는다고, 상석에 안 앉힌다고 화를 낸다. 어설픈 사람이 높은 자리에 올라가거나 급이 안 되는 사람이 지도자 위치에 올라가면 이런 일이 자주 생긴다. 화를 자주 내는 사람은 무서울 게 없기 때문이다. 심지어 윗사람의 권리이자 의무라고 생각한다. 화를 자주 낸다는 것은 교만해졌다는 확실한 증거다.

셋째, 습관 때문이다. 화를 내는 사람은 정해져 있다. 늘 화내던 사람이 또 화를 낸다. 심지어 사명감을 갖고 화내는 사람도 있다. 저런 찌질한 것들은 나라도 화를 내서 인간 개조를 해야 한다는 생각이다. 상대가, 상황이 마음에 들지 않기 때문에 화가 난다. 이런 후진 식당에서 식사를 대접하다니 화가 난다. 내 앞에서 저런 상스런 얘기를 하는 것에 화가 난다. 내가 누군데 감히 내 앞에서 저런 얘기를 할 수 있을까 생각하니까 마음이 상한다. 정말 자기를 제외한 모든 것이 마음에 들지 않는 것이다.

넷째, 자제력을 잃었기 때문이다. 쉽게 뚜껑이 열리는 사람이 있다. 내공이 약한 사람이다. 하수다. 주먹을 꽉 쥔 사람은 결코 현명한 판단을 할 수 없다. 링컨은 화를 잘 내는 청년 장교에게 이렇게 말했다. "좁은 골목에서 개와 마주쳤을 때 정당한 권리를 주장하다가는 개에게 물리기 쉽다. 개에게 물리기보다 길을 비켜 주는 게 더욱 현명하다. 설사 개를 잡아 죽인다 해도 자네에게는 상처가 남는다." 화를 내면 실수할 확률이 높다. 보이는 것도 들리는 것도 없고 이성이 사라지기 때문이다. 화를 내는 것은 하수의 행동이다.

다섯째, 남들이 자신과 같기를 기대하기 때문이다. 어느 노회장은 이렇게 얘기한다. "20대를 뽑아 놓고 그들이 60대인 내 마음에 들기를 바라는 것은 불가능한 일입니다. 내가 20대를 뽑았으니 내가 그들을 이해하고 그들에게 맞추어야 합니다." 참 성숙한 사람이다. SK디스커버리의 최창원 부회장은 "구나, 겠지, 감사"의 3단계로 마음을 다스린다고 한다. 거슬리는 일이 생겼을 때 이렇게 생각하는 것이다. 처음엔 "그가 내게 이러는구나"하고 객관적으로 받아들인다. 다음엔 "뭔가 이유가 있겠지"라고 생각한다. 마지막은 "뭣뭣 하지 않은 게 감사하지"라고 마무리하는 것이다. 참 현명한 방법이다.

유독 어떤 사람에게만 화날 일이 많이 생기고, 어떤 사람에게는 다 좋은 일만 생길까? 그런 건 없다. 화내는 횟수와 화내는 이유를 보면 그 사람의 성숙도를 알 수 있다. 별 것 아닌 일에 버럭 화를 내는 사람은 "나는 미성숙한 아이입니다"라고 광고하는 것과 같다.

화를 내는 것은 내 선택이다. 화가 났다고 그것을 주변 사람에게 전파해서는 안 된다. 그럴 권리는 없다. 누구에게도 도움이 되지 않는 일이다. 화가 날 때는 코비 박사의 세 단계를 생각하는 것이 도움이 된다. 어떤 사건이 벌어졌을 때 잠시 정지하고 STOP, 생각하고THINK, 선택CHOOSE하는 것이 그것이다. 호흡을 길게 하는 것도 방법이다. 무엇보다 자신감을 회복하고 매사에 감사하고 운동을 하면 화가 줄어든다.

자유롭다

고수들은 자유롭다. 경제적으로, 시간적으로, 직업적으로 자유
롭다. 육체적으로도 자유롭다. 내가 꿈꾸는 삶이다. 결코 쉽지
않다. 성공한 내 친구들은 돈은 많지만 시간이 부족하다. 해외여
행 한번 가질 못한다. 은퇴한 친구들은 시간은 많지만 경제적으
로 쪼들린다. 둘 다 가능한데 건강 때문에 놀지 못하는 친구들도
있다. 사람들은 없을수록 그것을 의식한다. 돈이 없으면 돈을 의
식하고, 건강을 잃으면 건강을 의식한다. 그렇다. 자유롭다는 것
은 그것에 대해 의식하지 않는 것이다. 돈이 많더라도 늘 돈을
의식한다면 그는 부자가 아니다. 돈이 다소 적더라도 그다지 의
식하지 않고 사는 것이 진정한 부자다.

젊은 시절 맥주를 좋아했는데 당시 맥주는 비싼 술이었다. 하지만 돈이 없었다. 좋은 사람을 만날 때면 분위기 좋은 데서 맥주 두 병에 마른 안주 하나 시켜 놓고 얘기를 나누는 것이 큰 호사였다. 한 병만 더 마시면 좋을 것 같은데 그러면 집에 돌아갈 차비가 부족할 것 같아 늘 갈등했다. 그때 소원 중 하나는 마음껏 맥주를 마셔 보는 것이었다. 한 번은 영등포에 있는 모 맥주 공장을 방문했는데 마음대로 마셔도 좋다는 얘기에 환호하며 친구들과 미친 듯이 마셨던 기억이 난다. 이처럼 없을수록 그것을 의식하게 된다. 자유롭지 못한 것이다.

대기업을 나와 몇 년간 경제적으로 힘든 적이 있었다. 그때 돈에 대한 생각을 가장 많이 했다. 아이가 바이올린을 배우고 싶다고 해도 가장 먼저 돈이 걸렸다. '무엇이든 악기 하나를 배우면 인생에 큰 도움이 된다' 같은 폭넓은 생각보다는, 어디서 돈을 충당해서 아이에게 바이올린을 가르칠 수 있을까 하는 걱정이 앞섰다. 친한 친구 부부와 식사할 때도 그랬다. 음식이 어떤 맛인지는 머릿속에 들어오지 않았다. 이야기에도 집중하기 어려웠다. 그보다는 식사비를 어떻게 해야 좋을지 걱정했다. 경제적으로는 친구가 훨씬 넉넉했지만 우리 집에 놀러 온 친구에게 어떻게 밥값을 내라고 할 수 있겠는가? 하지만 밥값을 내면 내

일주일 용돈이 사라진다, 큰 타격이다. 그런 생각을 하느라 밥이 코로 들어가는지 입으로 들어가는지 알 수 없었다.

건강도 그렇다. 건강할 때는 건강에 대해 별로 신경 쓰지 않는다. 젊은이들은 건강에 대한 얘기를 거의 하지 않는다. 살 빼야 한다는 얘기 외에는. 하지만 나이가 들수록 화제의 대부분이 건강이다. 어딜 가나 건강 얘기다. 건강에 대한 얘기를 많이 한다는 것은 그만큼 건강이 좋지 않다는 것이다.

우리는 늘 무언가를 의식하며 산다. 남의 눈이 그렇다. 사람이 살면서 남의 눈을 의식하지 않을 수는 없다. 하지만 정도가 지나치면 불편하다. 자유롭지 못하다. 주객이 전도된다. 그렇게 되면, 내가 원하는 삶보다는 남이 원하는 삶을 살 가능성이 높다. 내 행복보다는 남들이 행복해할까가 주를 이룬다. 뭔가 이상하지 않은가. 돈도 그렇다. 돈은 삶에 필수적이다. 그래서 누구나 돈을 의식하며 산다. 하지만 의식한다고 없던 돈이 갑자기 생기는 것은 아니다. 오히려 돈에 집착할수록 돈은 우리 손을 떠난다. 이는 개인의 선택이다. 천억이 있어도 늘 돈만 생각하는 사람은 돈의 주인이 아니고 돈의 노예다. 건강도 그렇다. 건강만큼 중요한 것은 없지만 건강을 의식한다고 건강해지는 것은 아니다. 오히려 건강에 대해 지나치게 걱정하는 것만큼 건강에 해로운 것은 없다.

나이도 그렇다. 나이를 지나치게 의식하는 사람은 상대를 나이로 판단한다. 처음 사람을 만날 때도 다른 것 대신 "저 친구 몇 살이야, 나보다 적은 것 아니야, 근데 왜 깍듯하지 않아"라고 생각한다. 그래서 어려 보이는 사람은 무시하고 조금이라도 연상이라 생각되면 지나치게 존대한다. 깍듯한 이유는 자기가 나이 많은 사람을 떠받들어야 어린 것들도 자기에게 그렇게 한다는 것을 알기 때문이다. 나이에 걸맞는 대접을 못 받으면 섭섭해하는 것은 자유롭지 못한 일이다.

지위도 그렇다. 갑 생활을 오래 한 사람, 높은 권력의 맛을 한 번 본 사람은 그 맛을 잊지 못한다. 지위를 떠난 후에도 자꾸 향수를 느낀다. 그래서 한 번 장관은 영원한 장관이고 한 번 총장은 영원한 총장이다. 그런 사람은 무슨 모임에 가든 꼭 한 마디 해야 한다. 사회자가 자기를 꼭 소개해야 한다. 하다 못해 건배사라도 시켜 줘야 한다. 그렇지 않으면 삐친다. 괜한 트집을 잡아 주선한 사람을 난처하게 한다. 이런 사람은 죽을 때까지 자기 지위로부터 자유롭지 못한 사람이다.

내가 가장 의식하는 것은 무엇일까? 어떻게 해야 그것으로부터 자유로울 수 있을까? 자유의 정도와 고수의 급수는 비례한다. 고수는 그 자유의 힘으로 살아가는 자다.

철학적 뼈대가 있다

얼마 전 고위 공직자 후보로 오른 모 씨는 판공비를 개인적으로 쓴 것과 관용차를 주말에 쓴 것 등이 구설수에 올랐다. 그 외에도 꽤 많은 이슈가 따라다녔다. 본인은 관행이라고 주장했지만 언론은 냉정했다. 나는 예전 조직에 있었던 사람들의 제보가 잇달았다는 점을 더 주목했다. 얼마나 인심을 못 얻었으면 그 사람들이 저렇게 등을 돌렸을까?

언론에서 그렇게 씹어도 끝까지 버티더니 결국 사퇴했다. 개인적으로는 안 된 일이지만 국가적으로는 잘 된 일이다. 저렇게 철학이 없는 사람이 그렇게 높은 자리에 올라가는 일은 막아야 한다. 그런 사람은 높은 자리를 사리사욕을 위해 사용할 것이 틀림없다. 높은 공직에 오르고 싶은 사람은 철학이 있어야 한다. 철학대로 살아야 그런 자리에 오를 자격이 있다.

돈이 있다고, 높은 자리에 있다고 고수가 되는 것은 아니다. 무엇보다 사람들의 존경을 얻을 수 있어야 고수다. 새마을교육원 원장 및 북한이탈주민지원재단 이사장을 역임했던 김일주는 그런 분이다. 그는 함경북도 단천에서 홀로 월남해 갖은 고생을 하면서도 농촌계몽운동을 벌였고 경기도 목감 부근에 수만 평의 새마을교육원을 만들었다. 평생 어려운 사람들을 위해 일했고 지금은 북한이탈주민을 위한 일에 매진하고 있다. 그의 철학은 명쾌하다. 국가를 사랑하고, 어려운 사람들을 돕는 것이다. 수백억의 가치가 있는 교육원은 오래전에 사회에 내놓았고 자신의 개인 돈까지 털어 '지도자 아카데미' 과정을 운영한다. 미래 국가를 짊어질 리더를 키우겠다는 취지에서다. 그는 철학적 뼈대가 튼튼하다. 그래서 수많은 사람들의 존경을 얻고 있다.

연예인도 고수와 하수로 나눌 수 있다. 미국 연예인 중에는 고수가 많다. 그들은 유명해져도 광고를 찍지 않는다. 자기 철학과도 이미지와도 맞지 않기 때문이다. 하지만 한국의 연예인 중에는 하수가 많다. 그들은 유명해지는 순간부터 미친 듯이 광고를 찍는다. 광고를 찍기 위해 유명해진 것처럼 보일 정도다. 그들에게 철학이나 이미지 따위는 없다. 그저 돈 되는 일이라면 다 한다. 굳이 그들의 철학이라고 한다면 돈뿐이다.

우리나라 유명인 중에도 가려서 광고를 찍거나 아예 안 찍는 사람이 있다. 돈보다 자신의 철학을 지켜 내는 일이 훨씬 중요하기 때문이다. 나는 한비야의 팬이다. 무엇보다 철학이 뚜렷하기 때문이다. 유명한데 왜 광고를 찍지 않는지 물어봤더니 이렇게 답한다. "세계시민학교 세우려고 대기업 광고에 딱 한 번 출연했습니다. 지금도 라면 광고부터 자동차 광고까지 섭외가 많이 들어오지만 모두 거절합니다. 뭔가를 결정할 때 나를 지켜보고 있을 아이들을 언제나 생각합니다." 얼마나 성숙한 사람인가? 그녀를 좋아하지 않을 수 없다.

고수들은 철학이 있다. 철학을 담아 일한다. 왜 이 일을 하는지 명쾌하다. 개인도 조직도 영속하려면 철학이 명확해야 한다. "기업은 어려울 때일수록 우리가 왜 존재하는지, 우리가 세상을 위해 뭘 하고 있는지를 끊임없이 되새겨야 한다. 존재 이유가 분명해야 조직원들 사이에 위기를 돌파해야겠다는 강한 모멘텀이 생긴다." 화이자의 제프 킨들러 회장의 말이다. 반대로 내가 하는 일에서 별 의미를 발견하지 못하면 몰입하지 못하고 자꾸만

딴 생각을 하게 된다.

돈이 많아도 철학이 없으면 장사꾼에 불과하다. 장사꾼은 그저 돈 버는 것 자체가 목적이다. 왜 돈을 버는지, 벌어서 어떻게 하겠다는 철학이 없다. 반면 사업가는 다르다. 철학이 확실하면 사업가로 인정받는다. 홍콩의 대부호인 리카싱 청쿵그룹 창업자는 철학이 있는 사업가다. 진정한 부란 어떤 것인지 물었더니 그는 이렇게 답한다. "부는 많아도 귀하지 않은 사람이 많다. 진정한 부귀는 자기가 번 금전을 사회를 위해 쓰려는 속마음에 있다. 아무리 재산이 많아도 바른 뜻이 없는 사람은 가장 가난한 사람이다." 그의 좌우명은 "의롭지 못한 채 부귀를 누리는 것은 뜬구름과 같다"이다. 그런 사람이 사회에 지탄을 받을 행동을 할 확률은 거의 없다. 튼튼한 철학적 뼈대가 있기 때문이다.

이나모리 가즈오 교세라 회장도 철학이 명확한 사람이다. 그의 말이다. "경영의 베이스엔 거래처, 종업원, 고객 모두를 사랑해 모두가 잘 돼야 한다는 자비의 마음이 깔려 있어야 한다. 경영자는 어떻게든 이익을 내려 하고 또 반드시 이익을 내야 하지만 이익을 추구하는 데에도 분명 길이 있다. 나 혼자 많이 벌면 좋겠다는 자기애로는 오래 가지 못한다. 거래처와 종업원을 포함해 모든 사람을 행복하게 한다는 큰 마음이 필요하다. 그래야 오래 갈 수 있다. 자본주의의 본질은 약육강식이 아니라 적자생존이다. 나는 성과급 제도에도 반대한다. 무엇보다 중요한 것은 자비의 마음이다. 자기애가 아니라 주위 사람과 성과를 나누는 기쁨, 이것이야말로 질이 다른 기쁨이고 아름다운 기쁨이다." 거의 도인 수준이다.

나는 왜 사는가? 왜 이렇게 열심히 일하는가? 돈을 벌어 무얼 어떻게 하겠다는 것인가? 왜 높은 자리에 올라가려고 하는가? 늘 우리가 잊지 말아야 할 질문들이다. 그 질문에 답하기 위해서는 수시로 철학적 뼈대를 단단히 하는 일이 필요하다.

지극정성이다

한국의 '미스터 초밥왕' 안효주의 책《손끝으로 세상과 소통하다》를 보면 고수들은 자신의 일을 지극정성으로 한다는 생각이 든다. "음식에서 가장 중요한 것은 요리하는 사람의 마음이다. 잔뜩 화가 난 마음으로 요리를 하면 손끝에서 독이 나온다. 요리를 할 때는 항상 마음이 먼저 준비되어야 한다. 나는 화가 나면 칼을 잡지 않는다." 그가 하는 말이다.

지성이면 감천이다. 어떤 일을 하느냐보다는 그 일을 어떻게 하느냐가 중요하다. 초밥왕의 말을 더 들어보자. "요리를 할 때도 기도하는 마음처럼 간절하고 경건한 마음이 필요하다. 요리에도 절차가 있는데 요리에는 청소가 먼저다. 빗자루질 걸레질

하나도 내 얼굴 닦듯이 꼼꼼해야 한다. 팍팍 삶은 행주로 도마며 칼이며 온갖 조리 도구를 정성스럽게 닦으면 정갈한 마음이 절로 나온다. 심마니들이 산삼 캐러 가기 전에 목욕을 하는 것과 같다. 요리사는 반 결벽증 환자가 되어야 한다. 정갈한 마음이란 정신이 정돈되어 있으면서도 즐거운 상태다. 화가 날 때면 청소를 하거나 칼을 갈면서 마음을 정리한다."

좋은 음식을 위해서는 재료에 대한 교감과 안목이 중요하다. 그는 재료를 무척 까다롭게 고른다. 아침 시장에 나가 재료가 좋지 않으면 아예 사지 않는다. 질 좋은 생선을 쓰는 것, 칼 쓰는 방식, 숙성도, 오차 …… 모두 중요하지만 가장 중요한 것은 주재료와 부재료의 조화다.

초밥의 주재료는 생선이 아닌 밥이다. 그는 최근 4년 동안 쌀의 종류를 7번 바꾸었다. 햅쌀보다는 1년 묵힌 쌀을 사용한다. 씻는 과정도 다르다. 첫 번째 물을 부어 씻을 때는 재빨리 씻고 물을 버린다. 두 번째도 마찬가지다. 세 번째부터 꼼꼼히 씻어서 맑은 물이 나올 때까지 7번 정도를 씻는다. 물도 추곡약수터 물을 사용한다. 좋은 소금을 사기 위해 전국을 다 뒤지기도 했다.

무엇보다 중요한 것은 생선이다. 그런데 '효'에는 수족관이 없다. 그 날 쓸 것은 그 날 사서 처리하기 때문이다. 생선도 함부로 다루지 않는다. 뜰채로 휙 잡아서 바닥에 팽개치면 살이 깨지고 생선이 스트레스를 받는다. 일본 사람들은 수건으로 생선 눈을 가리면서 손으로 잡는다. 우리가 생선을 보물처럼 다룰 때 보물 같은 맛을 낸다. 식재료는 대접한 만큼 맛을 내는 법이다. 구입한 생선은 그 자리에서 즉사시킨다. 고등어는 식초에 절여야 제 맛이 나고, 광어와 도미는 포를 뜬 다음 숙성을 시켜야 맛이 있다. 참치도 바로 잡으면 신맛이 강하다.

도구도 중요하다. 흔히 날이 잘 선 칼을 보고 무섭다고 하는데 사실은 잘 안 드는 칼이 더 무섭다. 날이 무디면 힘이 들고 그러면 유연성이 떨어져 손을 다치기 쉽다. 날이 서야 유연성이 생기고 그래야 좋은 요리가 나올 수 있다. 예리한 손님은 생선회 모양만 보고도 누가 잘랐는지 알아차린다.

초밥을 먹는 데도 요령이 있다. 우선 바에 앉는 것이 낫다. 빨리 만든 것을 빨리 먹어야 한다. 초밥은 3초 만에 만들고 3초 만에 먹어야 한다. 시간이 지날수록 생선 무게 때문에 밥이 눌리고 밥이 딱딱해지기 때문이다. 초밥은 손으로 먹는 것이 좋다. 여기에는 요리사와의 교감 측면도 있다. 초밥은 맨 손으로 만들어 요리사의 체온이 녹아 있으니 손으로 집어야 그 체온을 느낄 수 있다. 에티켓도 중요하다. 반말 하지 말기, 다른 요리사와 비교하지 말기, 재촉하지 말기, 초밥에서 밥을 떼어 내지 말기 등을 지키라. 맛있으면 맛있다고 칭찬하라.

순서도 중요하다. '오마카세'라는 일본말이 있다. 요리사에게 모든 걸 맡기겠다는 뜻이다. 초밥 먹는 순서가 그렇다. 흔히 초밥은 담백한 것에서 시작해 맛이 진한 쪽으로 먹는다고 알고 있다. 전체적으로는 진한 맛으로 가는 게 맞지만 오르내림이 있어야 한다. 광어초밥 한 알에서 시작해 방어초밥, 담백한 도미초밥, 고소함의 절정 참치뱃살초밥 그리고 성게알, 단새우, 전복, 학꽁치까지 숨가쁘게 진행되는 것이 좋다. 완전히 맛의 드라마인 셈이다.

초년 시절 늘 제일 먼저 출근해 불을 켜고 바닥청소부터 시작했다. 선배들 칼도 열심히 갈았다. 어느 날은 채칼로 무를 한 가마니씩 갈았다. 덕분에 일본 연수 기회를 갖게 된다. 이 과정을 통해 시야가 넓어진다. 신라호텔 주방장 시절에는 그 어렵다는 삼성인상을 수상했다. 스카우트 제의도 있었지만 쳐다보지도 않았다. 승진 속도도 빨랐다. 아직 그가 도달하지 못한 경지가 있다. 밥알을 들어 눈앞에 댔을 때 그 사이로 하늘이 보이는 것이다.

긍정을 긍정하라

고수는 긍정적이고 하수는 부정적이다. 고수는 모든 일이 잘 될 거라고 생각하고 하수는 그게 될까 하면서 늘 의심한다. 매사에 냉소적이고 부정적인데도 성공한 사람을 본 적이 있는가? 재능은 있지만 늘 부정적인 사람과 재능은 부족하지만 늘 낙관적으로 생각하는 사람이 있다면 어떤 사람과 같이 일하고 싶은가? 당신은 어떤 사람인가? 긍정적 사고의 중요성은 아무리 강조해도 지나치지 않다. 사물의 어떤 면을 보느냐에 따라 삶의 질은 크게 달라진다. 천당에 있으면서도 지옥을 사는 사람이 있고, 지옥에 있지만 천당을 사는 사람도 있다.

성공하기 위해 가장 필요한 것은 긍정성이다. 잘 될 것이라고 믿고 그렇게 행동하는 것이다. 긍정에 무슨 근거가 있는 것은 아니다. 확실한 근거가 있다면 긍정이 무슨 의미가 있겠는가? 별다른 근거가 없지만 잘 될 거라고 믿는 것이 참다운 긍정성이다.

이렇게 하려면, 우선 긍정주의자가 되겠다고 결심해야 한다. 자신에게 끊임없이 최면을 걸어야 한다. 그래서 긍정을 습관화시켜야 한다. 실패하기 위해 무언가를 할 필요는 없다. 낙심하기 위해, 원망하고 불평하는 사람이 되기 위해, 서운함을 느끼기 위해, 타락하기 위해 애써야 할 필요는 없다. 그냥 가만히 있으면 된다. 주변에 좋은 사람, 감사할 일, 기쁨을 주는 일이 지천으로 있지만 대부분의 사람들은 거기에 주목하지 않는다. 자신을 좋아하는 사람과 그렇지 않은 사람의 비율이 95대 5인데 우리는 5에 더 많은 에너지를 사용한다. 부정적이고 자신을 싫어하는 사람, 자신을 비난하는 사람을 생각하는 데 많은 시간과 에너지를 투자한다. 사람은 가만두면 부정적으로 된다. 엔트로피의 법칙이다.

둘째, 어려움 속에서도 긍정 요소를 찾고자 해야 한다. 한 쪽문이 닫히면, 다른 쪽 문이 열린다는 헬렌 켈러의 말처럼 사물과 사건에는 늘 양면성이 존재하기 마련이다. 긍정적인 사람이란 위기 속에서 기회 요인을 찾는 사람이다.

코빈 윌리암스는 2차 대전 중인 1945년 3월 15일, 프랑스에서 전차 뒤를 따라 걷고 있었는데 전차가 지뢰에 걸려 폭발하는 바람에 실명했다. 하지만 그런 장애가 카운슬러이자 목회자가 되려는 그의 의지를 막을 수는 없었다. 그는 이렇게 말했다. "장님이라는 사실이 내 일에 정말로 도움이 되고 있습니다. 저는 눈이 보이지 않기 때문에 겉모습으로 사람을 판단하지 않습니다. 사람의 외관에서 오는 선입견으로부터 안전한 것이지요. 어떤 사람이라도 찾아와 안심하고 상담할 수 있는 사람이 되려고 합니다."

셋째, 언어습관을 고쳐야 한다. 말이 곧 씨가 된다. 긍정적이 되기 위해서는 늘 긍정적인 단어를 골라 사용해야 한다. 누군가 안부를 물을 때 습관적으로 "그저 그렇습니다"라고 답하는 사람과 "참 좋습니다"라고 말하는 사람은 둘 중에 누가 성공 확률이 높을 것 같은가? 볼 것도 없다. 긍정적으로 말하는 사람이다. 뇌는 현재와 미래를 구분하지 못한다. 그렇기 때문에 긍정적으로 말하면 무의식적으로 뇌는 이 사람은 성공했다고 생각하고 그렇게 행동하게 만든다. 그리고 실제 그렇게 된다.

넷째, 자성예언을 해야 한다. 얼 우즈는 아들 타이거 우즈가 최고가 되길 바랐다. 타이거가 기저귀를 떼기 전부터 아들에게 미래의 챔피언이 될 거라는 예언을 해주었다. 타이거가 쓰던 유아용 의자를 버리려는 아내를 만류하며 그는 이렇게 얘기했다. "당신 그걸 버리면 안 돼. 언젠가 명예의 전당에 보관할 의자니까." 그는 실제로 골프 황제가 되었다. 아버지의 자성예언 덕분이다.

다섯째, 유머 감각이 필요하다. 말년에 관절염으로 휠체어 인생이 된 루스벨트가 아내 엘리너 루스벨트에게 질문을 던졌다. "불구인 나를 아직도 사랑하오?" 그러자 아내가 이렇게 대답했다. "제가 당신 다리만 사랑했나요?" 엘리너 루스벨트의 대답이 참 절묘하다. 이런 긍정성 때문에 그녀는 역대 퍼스트 레이디들 중에서 가장 호감 가는 여성으로 손꼽힌다. 엘리너는 항상 '매우 맑음'이라고 쓰여 있는 듯한 밝은 표정으로 주위 사람들을 즐겁게 해주었다.

그러나 엘리너가 열 살 때 고아가 되었다는 것을 아는 사람은 거의 없다. 그녀는 끼니를 잇기 위해 고된 노동에 시달려야 했으며 돈을 '땀과 눈물의 종잇조각'이라고 부를 정도로 혹독한 소녀시절을 보냈다. 하지만 엘리너는 남들이 갖지 못한 재산이 있었다. 그것은 긍정적인 인생관이었다. 엘리너는 어떤 절망적 상황에서도 비관적인 언어를 사용하지 않았다. 자녀 중 한 아이가 사망했을 때도 "아직, 내가 사랑할 수 있는 아이가 다섯이나 있는 걸……"하고 말했을 정도였다.

"항공학적으로 땅벌은 날 수 없다. 그러나 땅벌은 그 사실을 모르기 때문에 계속 날아다닌다." 메리 케이 화장품 설립자인 메리 케이 애쉬의 말이다. 미래를 알 수 있는 사람은 아무도 없다. 미래는 우리 스스로 만들어 가는 것이다. 그 핵심에 있는 것이 바로 긍정성이다.

내면의 소리

가수 장사익을 좋아한다. 환경재단 운영위원으로 일할 때 그의 노래를 처음 들었다. 식사 중 누군가 그에게 노래를 청했다. 그는 거리낌 없이 무반주로 찔레꽃이란 노래를 불렀다. 완전 충격이었다. 그건 단순한 노래가 아니었다. 한 인간의 절규이자 그의 모든 것을 느낄 수 있었다. 나중에 피스앤그린보트Peace and Green boat를 타고 일주일 넘게 같이 여행을 다녔는데 인간적으로도 매력이 있었다.

그는 충청도 광천 사람이다. 7남매의 맏아들로 태어나 초년에 엄청 헤맸다. 무려 열여섯 개의 직업을 전전한다. 한 마디로 시원치 않은 인생이다. 그러다 마흔셋이 되던 해, 죽기 전에 정말 하고 싶은 것을 딱 3년만 해보자고 결심하고 평소 배웠던 태평소를 무기로 사물놀이패에 합류한다. 그는 주로 뒤풀이자리에서 노래를 하면서 빛을 발했는데 친구에게 등 떠밀려 46세에 홍대앞 소극장에서 첫 공연을 하면서 가수가 된다. 뒤늦게 하고 싶은 일을 찾은 그는 이렇게 말한다. "몇 십 년을 돌아 길을 찾았구나. 인생이란 이런 거구나. 일찍 피는 꽃도 있지만 늦가을에 피는 국화도 있구나." 그는 늦게나마 자기 내면에, 자신의 말에 귀를 기울인 덕분에 자기 하고 싶은 일을 하면서 산다. 행복한 사람이다.

나도 내가 좋아하는 일을 하면서 살고 있다. 몇 권의 책을 쓰기 위해 오랫동안 자료를 수집했다. 관련 책도 엄청 읽었다. 신문이나 잡지를 보면서도 사람들을 만나면서도 그들의 얘기를 주의 깊게 들었고 메모를 열심히 했다. 오후에는 그런 자료를 정리하고 새벽에는 글을 쓴다. 그렇게 행복할 수가 없다. 새로운 지식을 접했을 때, 좋아하는 책을 발견했을 때, 신문에서 관련 기사를 읽었을 때, 그런 것들을 모아 글을 쓰면서 나만의 생각을 하게 되었을 때, 그게 글이 되었을 때, 글이 모여 책으로 나왔을 때는 정말 행복하다. 그런 책을 사람들에게 나누어 주고, 그 책을 바탕으로 강의를 할 때 행복하다. 가끔은 내가 쓴 글에 내가 감동을 받기도 한다. 그런 스스로에게 놀라고 있다. 공부를 못하지는 않았지만 강요된 공부, 필요에 의한 공부만을 했던 내게 이런 모습이 있다는 게 신기하다.

젊은 시절 나는 불평불만이 많았다. 그래서 어머님은 내게 '불평불만단지'란 별명을 지어주셨다. 그만큼 사는 것이 팍팍했다. 열심히 살아도 뭔가 어긋나고, 풀리지 않고, 사는 게 만만치 않았다. 평범한 집안에서 태어나 공부는 열심히 했다. 그 외에는 방법이 없었기 때문이다. 그 결과 남들이 부러워하는 최고의 학교만 다녔고 국비로 박사학위까지 받았다. 젊은 나이에 대기업 임원이 됐지만 생활은 전혀 나아지지 않았다. 오히려 불만이 더 커졌다. 경제적으로 힘들고, 일은 재미없었다. 내 시간이 없고 내가 결정할 수 있는 게 거의 없었다. 내 인생인데 내 것이 아니라 남의 것이란 생각을 지울 수 없었다. 그래서 늘 "이러다 죽으면 정말 억울하다. 이건 내가 원하는 삶이 아니다"란 생각뿐이었다.

그러면서 "정말 내가 원하는 건 무얼까?"를 생각하기 시작했다. 내 자신이 하는 말에 귀를 기울였다. 명확했다. 자유였다. 아무에게도 구속되지 않고, 내가 하고 싶은 일을 하면서 살 수 있는 삶이었다. 다음 주제는 "그런 삶을 위해서 필요한 건 무얼까"

였다. 그래서 새로운 일에 도전했고 지금 내가 원하는 삶을 살고 있다. 만약 그때 불평만 품고 아무 행동을 취하지 않았다면 나는 어떻게 됐을까? 여전히 불평불만단지란 소리를 듣는 중늙은이가 됐을 것이다. 아찔한 일이다.

기업 대상 교육을 많이 하는 나는 직장인들에 대해 늘 측은지심을 갖고 있다. 그들의 표정과 태도를 보면서 "어떻게 저 나이에 저렇게 맛이 갈 수 있을까?"라는 안타까움을 갖고 있기 때문이다. 얼굴을 보면 "불만 가득, 희망 없음"이라고 씌어 있다. 물론 마음에 들지 않는 회사와 상사와 업무에 대해 불만을 품을 수도 있다. 하지만 단지 불만으로 그쳐서는 죽도 밥도 아니다. 거기서 한 걸음 나아가 "내가 진정으로 원하는 삶이 무얼까?" "지금 하는 일과 장래에 하고 싶은 일 사이에 어떤 관계가 있을까?"를 스스로에게 질문할 수 있어야 한다. 그다음은 "그런 일을 하기 위해 무엇을 준비해야 하는가, 어디에 시간과 비용을 써야 하는가?"를 질문해야 한다.

공부에는 세 종류가 있다. 나 자신에 대한 공부, 업에 대한 공부, 다른 인간에 대한 공부가 그것이다. 그중 "나 자신에 대한 공부"가 우선이다. 나를 알아야 다음 계획을 세울 수 있다. 스티븐 코비 박사가 쓴《성공하는 사람들의 8번째 습관》에서는 "내면의 소리에 귀를 기울이라"고 하면서 이 부분을 강조한다. 이를 위해서는 네 가지가 필요하다. 재능, 열정, 필요, 양심이 그것이다. 양심과 필요에 의해 끌림이 생기고 끌리는 일을 하기 위해서는 재능과 열정이 필요하다는 것이다. 현재 어떤 일에 끌림을 받는가? 그 일을 하기 위한 재능은 있는가? 뭔가 노력을 하고 있는가? 변화를 위해서는 자신의 내면에 귀를 기울여야 한다.

영혼의 무게 중심

고수와 하수를 구분하는 방법 중 하나는 감정의 기복이다. 하수일수록 일희일비하고 감정의 기복이 심하고 분주하다. 고수는 좀처럼 감정을 드러내지 않고 느긋하고 여유가 있다. 이치로의 담담한 자세는 일류 그 자체이다. 삼진을 당하고도 다운되지 않고 홈런을 쳐도 신난다는 기색이 없다. 경기 결과를 깊이 분석할 여유는 갖지만 결과에 일희일비하지는 않는다. 오로지 경기하는 것에만 집중할 뿐이다.

타격왕 이치로는 타석에 들어설 때 투수를 노려보지 않는다. 담담한 표정으로 들어선다. 보통 선수는 투수를 제압하려 하지만 이치로는 다르다. 쳐야 할 볼에 대해서만 생각한다. 볼이 한 가운데로 오면 홈런을 쳐 보고 싶은 욕심이 생긴다. 그러면 힘이 들어가 평범한 플라이볼이 된다. 그는 욕심을 없애고 단지 방망 이로 볼을 친다는 사실에만 집중한다. 이치로는 깨달음을 터득 한 선승의 자세를 지니고 있다. 어떤 상황에서도 철저하게 담담 한 모습으로 일관하는 것이 이치로의 철학이다. 경기가 끝난 후 그는 일부러 시간을 들여 글러브와 스파이크를 꼼꼼히 닦는다. 혼자만의 시간이다. 완벽하게 릴랙스 할 수 있는 시간을 확보하 기 위한 것이다.

고수들은 고요하고 안정적이다. 번잡하지 않다. 무게 중심이 꽉 잡혀 있다. 하수들은 붕 떠 있다. 가만있지를 못하고 고요함 과 적막함을 견디지 못해 늘 라디오나 텔레비전을 켜놓는다. 산 에서조차 라디오를 튼다. 침묵을 견디지 못해 무슨 얘기라도 해 야 한다. 정서적으로 안정감이 없다. 축이 고요해야 바퀴가 빨리 도는 법이다. 축이 흔들리면 헛바퀴가 돈다. 고정된 축에서 안 정이 나온다. 인간도 마찬가지다. 인간의 축은 영혼이다. 영혼이 고요하고 맑아야 한다. 그래야 헛발질을 하지 않는다. 고수들은 축이 안정된 사람이다. 하수는 축이 흔들리는 사람이다. 핵심은 평정심이다. 평상심이다. 어떻게 하면 무게 중심을 견고히 할 수 있을까?

첫째, 욕심과 집착을 버려야 한다. 돈을 좇는다고 돈이 생기는 것은 아니다. 권력을 탐한다고 권력을 얻을 수 있는 것도 아니다. 돈이나 권력이나 명예는 결과물이다. 별 다른 목적 없이 자신이 맡은 일에 최선을 다할 때 얻어지는 것이다. 골프도 그렇다. 골프 고수가 되기 위해서는 어깨에 힘을 빼야 한다. 잘 치겠다고 잔뜩 어깨에 힘을 주면 헛스윙이 나온다. 인생도 그렇다. 바둑에 부득탐승不得貪勝이란 말이 있다. 승리를 탐하면 이길 수 없다는 말이다. 나는 욕심을 버리겠다는 정말 큰 욕심이 있다. 그래서 마음의 평화를 얻고 싶다.

《장자》의 달생편達生篇에 목계木鷄 이야기가 나온다. 싸움닭을 만들기로 유명한 기성자란 사람이 있었다. 그는 왕의 부름을 받고 싸움닭을 훈련시키게 되었다. 열흘이 지나 왕이 물었다. 이제 대충 되었는가? 그러나 그는 "아직 멀었습니다. 지금 한창 허장성세虛張聲勢를 부리고 있습니다"라고 대답했다. 열흘이 지나자 왕이 또 물었다. 대충 되었는가? "아직 멀었습니다. 다른 닭의 울음소리나 그림자만 봐도 덮치려고 난리를 칩니다. 다시 열흘이 지나 왕이 또 물었다. 아직도 훈련이 덜 되었습니다. 적을 노려보면서도 여전히 지지 않으려는 태도가 가시지 않습니다." 그리고 열흘이 또 지났다. "대충 된 것 같습니다." 이번에는 왕이 궁금하여 물었다. "도대체 어떻게 된 것이냐?" 기성자는 대답했다. "상대 닭이 아무리 소리를 지르고 덤벼도 조금도 동요하지 않습니다. 멀리서 바라보면 흡사 나무로 만든 닭 같습니다. 다른 닭들이 보고는 더 이상 반응이 없자 다들 그냥 가 버립니다."

초연하기 위해서는 쉴 때 쉬고, 일할 때 일해야 한다. 쓸데없는 곳에 에너지를 쓰지 말아야 정작 필요할 때 쓸 수 있다. 그런 면에서 400년을 이어온 경주 최부자집의 가훈 중 하나인 육연六然은 우리에게 시사하는 바가 크다.

하나, 자처초연自處超然이다. 혼자 있을 때 초연하게 지내라는 말이다. 둘, 대인애연對人靄然이다. 다른 사람을 온화하게 대하라는 말이다. 셋, 무사징연無事澄然이다. 일이 없을 때는 맑게 지내라는 것이다. 쓸데없이 전화하고 나다니지 말라는 말이다. 넷, 유사감연有事敢然이다. 유사시에는 과감하게 대처하라는 것이다. 다섯, 득의담연得意淡然이다. 뜻을 얻었을 때 담담히 행동하고, 마지막, 실의태연失意泰然은 실의에 빠져도 태연히 행동하라는 것이다.

둘째, 이목에 신경을 적게 써야 한다. 남들의 시선보다 내 마음이 시키는 일에 신경을 써야 한다. 남들은 내게 아무 관심도 없는데 혼자 미워하고 끌탕을 하는 경우가 많다. 스티븐 코비 박사는 강의 중 한 동양 남자로 인해 몹시 불쾌했다. 자기 강의를 듣지 않고 옆의 젊은 여자와 계속 수다를 떨고 있었기 때문이다. 그 사람이 신경이 쓰여 강의도 제대로 못했다. 그런데 알고 보니 그 여자는 동시통역사였고 그는 통역사의 말을 유심히 듣고 있었다. 그 사실을 알자 기분이 좋아졌다.

이처럼 우리를 괴롭히는 것은 사건 자체가 아니다. 그 사건에 대한 잘못된 생각과 해석 때문이다. 우리가 보고 해석하는 것이 항상 옳은 것은 아니다. 어떤 일 때문에 신경이 쓰이고 행복하지 않다면 그 해석에 의문을 제기하고 진실 여부를 확인해야 한다. 아침부터 인상을 쓰고 있는 상사는 당신 때문이 아니라 집안일 때문에 그럴 수 있는 것이다.

셋째, 천천히 살아야 한다. 사람들은 너무 급하다. 정신없이 달린다. 늘 마감 시간에 쫓긴다. 제한속도 100킬로미터 구간을 140으로 달리면 연료 소모도 많고 정서도 불안해진다. 자신도 모르게 흥분해서 들뜨게 되고 피로가 가중된다. 사고 날 확률도 높아진다. 꽉 찬 스케줄로 움직이는 사람은 유능한 게 아니라 무능한 것이다. 바쁘다는 의미의 한자는 '망忙'이다. 마음 심心자에

망할 망亡이다. 마음이 망했다는 의미다. 정신 줄을 놓았다는 것이다. 그런 사람은 급한 일에 쫓겨 정말 소중한 일에 시간을 쓸수 없다. 그렇게 살면 좋은 기회가 와도 잡을 수 없게 된다. 천천히 가는 것이 빨리 가는 것이다.

넷째, 혼자 있는 시간이 필요하다. 우리들은 번잡하고 정신없이 산다. 복잡한 관계 때문이다. 그 관계 확인을 위해 12월은 저녁마다 몇 탕씩 송년회를 한다. 하지만 이럴 때일수록 혼자 있는 시간이 필요하다. 다른 사람과 좋은 관계를 유지하기 위해서는 혼자 있을 수 있어야 한다. 홀로 있어 봐야 이웃과의 관계를 새롭게 볼 수 있다. 늘 얽혀 있으면 자기 존재에 대한 확인도 안 되고, 이웃과 내가 어떤 관계인지도 모른다. 혼자 잘 노는 사람이다른 사람과도 잘 논다.

나는 새벽마다 차를 마시며 혼자 명상하고 책을 읽거나 글을쓴다. 내가 제일 좋아하는 시간이다. 새로운 하루가 주어진 것에 감사하고 어제 일을 복습하고 오늘 벌어질 일을 예습한다. 오늘 만날 사람을 떠올리며 그들과 나눌 얘기를 정리하고 사람들을 위해 기도하고 축복한다. 나 자신을 위해서도 그렇게 한다. 내영혼을 샤워하는 시간이다. 영혼의 중심을 확인하는 시간이다.

절제의 힘

고수들은 절제한다. 누릴 수 있지만 누리지 않는 것이 절제다. 권력이 있지만 권력을 사용하지 않는 것, 먹을 수는 있지만 먹지 않는 것, 오라는 곳이 많지만 다 가지 않는 것, 할 말은 많지만 참는 것이 절제다.

건강과 장수의 비결도 절제다. 식탐을 버려야 당뇨에 걸리지 않는다. 소식은 장수의 비결이다. 하수들은 절제하지 못한다. 하고 싶은 것을 참지 못한다. 먹고 싶은 것을 마음대로 먹는다. 안다고 마구 떠들어 댄다. 메뚜기는 한철이란 생각으로 할 수 있는 모든 것을 한다. 온갖 것에 다 참견하고 떠든다. 그러다 한 순간에 훅 간다. 절제는 고수의 덕목이다.

40여 년 전, 세계 경마 무대를 평정한 말이 있다. 전설의 말이다. 이 말을 기념하는 우표까지 나왔다. 1999년 ESPN은 20세기 최고의 운동선수 100인을 선정했는데 동물로는 유일하게 이 말이 35위에 올랐다. 이 명마의 이름은 세크리테리엇^{Secretariat}이다.

이 말은 일찍부터 눈에 띄었다. 조련사가 100여 마리의 말을 혹독하게 훈련시키고 있었다. 땡볕에서 물도 제때 안 먹이는 일주일간의 맹훈련이었다. 타 들어가는 목마름에 하나둘씩 쓰러져 갈 무렵 말들은 강을 발견한다. 모든 말은 미친 듯이 물을 향해 달려갔다. 이때 조련사의 돌아오라는 호각소리가 들렸다. 대부분의 말들은 그 소리를 듣지 못한 채 정신없이 물을 마셨다. 하지만 유일하게 그 목마름을 참고 돌아온 말이 세크리테리엇이다. 이런 초절제력이 세크리테리엇의 강점이다.

이 말은 이력이 화려하다. 두 살이 되던 1971년, 데뷔했을 때의 일이다. 출발 직후 안쪽을 달리던 세크리테리엇은 경쟁자가 레일 쪽으로 심하게 밀어붙이는 바람에 꼴찌로 달리게 된다. 그러나 굴하지 않고 안간힘을 다해 질주해 네 번째로 결승점을 찍는다. 이후 경주에서 제 실력을 발휘하여 9전 7승 2착 1회의 우수한 성적을 거둔다. 1973년 켄터키 더비 2천 미터 우승, 1973년 프리크니스 스테이크스 1900미터 우승, 1973년 벨몬트 스테이크스 2400미터 우승 등 트리플크라운을 달성해 세계 최고의 명마로 자리매김한다. 그중 벨몬트 스테이크스 경주는 2위 경주마와 무려 31마신 차이라는 경이로운 기록을 달성했다. 트리플크라운을 달성한 세크리테리엇은 6번의 경기에 더 출전해 6전 4승 2착 2회를 기록하고 은퇴한다. 이 말은 2천 미터를 1분 59초 만에 주파했는데 이 기록은 아직도 깨지지 않고 있다.

청나라 4대 황제 강희제도 그렇다. 그는 중국 지도부가 가장 본받고 싶어 하는 왕이다. 15만 명의 만주족을 이끌고 1억 5천만의 한족을 무려 61년간 통치했다. 다른 황제들은 권력을 마음대로 휘두르는데 반해 그는 아끼고 또 아꼈다. 한족을 포용하자는 의미에서 만한전석滿漢全席(만주족과 한족의 요리를 집대성한 풀코스 만찬)도 만들었다. 권력뿐 아니라 지출도 역대 최소다. 사치와 물욕 또한 절제했다. 가장 적은 숫자의 후궁을 두었다. "족함을 알고 그칠 줄 알았더니 처음처럼 끝도 좋았다." 그는 절제의 황제다.

홍콩 최고의 부자 리자청의 방에는 '知止(지지)'란 말이 있다. 멈춤을 알라는 의미다. 절제란 마냥 참는 게 아니다. 힘의 축적이다. 자연의 사냥꾼은 진실의 순간에 앞서 잠시 정지한다.

100미터 육상 선수도 달리기 전에 멈춘다. 몸을 최대한 오그린다. 조급하게 행동하지 않는다.

이 멈춤은 한가로움이 아니다. 순간의 절제다. 다시 한 번 판단하는 시간을 갖고, 최대한 힘을 모아 추진력을 얻는 시간이다. 가난한 사람들에게 여유로 보이는 그 시간이 부자들에게는 일을 하는 시간이고 재충전의 시간이다. "만족할 줄 알면 결코 모욕을 당하지 않고, 그칠 줄 알면 떨어지지 않는다知足不辱 知止不落." 노자의 말이다.

혼자 있어도 두렵지 않다

자칭 대한민국 최고의 강사료를 받는 강사가 있다. 한번은 모 협회 회장이 내게 그 사람이 어떤지 묻는다. 소문을 들어서 어느 정도는 알고 있었지만 잘 모르겠다고 했다. 그랬더니 푸념을 늘어놓는다. "한 번 그분을 협회에서 초청했습니다. 근데 강의 초반에 차를 보내지 않았다고 성질을 내는 겁니다. 자기가 어떤 사람인데 대중교통을 이용하게 하냐는 겁니다. 강사 대접을 제대로 하라는 것이지요. 당황한 저는 강의 끝난 후 제 차를 내줬지요." 그러면서 강의할 때는 늘 차를 보내냐고 물었다. 나는 말했다. "지방인 경우는 많이 보내 주지만 서울에서 할 때는 알아서 가지요. 택시 한 번 타면 되는데 뭔 차를 보내나요?"

그 사람 평판에 대해서는 익히 들어온 바였다. 높은 사람에겐 엄청 아부하고 아랫사람은 막 대한다는 내용이다. 이런 말도 들렸다. "그는 엄청 의전을 따집니다. 강의 때는 반드시 차를 보내야 하고, 호텔 앞까지 영접을 해야 합니다. 그가 쓴 원고는 글자 하나 고칠 수 없고 뭐든 자기 마음대로 합니다. 한 번은 실무자가 실수를 했는데 바로 윗사람에게 일러바치는 바람에 그 사람이 해고된 적도 있습니다." 한 마디로 기피 대상 제1호다.

안티는 그렇지 않은 사람보다 7배의 파괴력을 지닌다는 얘기가 있다. 우리는 흔히 높은 사람에게는 깍듯하고, 별 볼 일 없는 사람은 함부로 대한다. 심각한 오해다. 오히려 기사나 비서, 파출부, 포장마차 아줌마, 청소부, 택시 운전사, 데스크 보는 사람, 심부름을 한 여사원 등 지나치기 쉬운 사람들에게 잘 해야 한다. 높은 사람들은 대접받는 데 익숙하다. 당신이 깍듯해도 별 감흥이 없다. 하지만 그들은 다르다. 친절하고 관심 있는 말 한 마디에 그들은 감동한다. 당신의 우호 세력이 될 것이다. 반면, 이들을 함부로 대하면 언젠가 그 대가를 지불하게 된다.

사귐은 순수해야 한다. 목적이 없어야 한다. 불순한 의도를 갖고 만나는 것은 누구를 위해서도 도움이 되지 않는다. 최고경영자 과정은 지식을 흡수하고, 인맥을 쌓고, 관계를 공고히 하려는 사람들로 넘친다. 이들은 여러 목적으로 모인다. 순수하게 공부를 위해 오는 사람이 있다. 경영을 하다 보니 문제는 많고 이를 해결하는 데 어려움을 겪기 때문이다. 순수한 사교를 위해 오는 사람들도 있다. 수업보다는 수업 후 모이는 2차에서 이들은 눈을 반짝인다. 그럴 수 있다. 최고경영자란 위치가 워낙 외롭기 때문에 처지가 비슷한 사람들을 만나 허심탄회한 얘기를 나누는 것 자체가 즐겁기 때문이다. 영업 때문에 오는 사람들도 있다. 어떤 사람은 공연 티켓을 팔러 온다. 어떤 사람은 프로젝트 수주를 위해 온다. 자기를 과시하기 위해 오는 사람들도 있다. 모두 다른 목적을 갖고 온다.

하지만 이들이 자신의 목적을 드러내는 순간 관계에는 금이 간다. 순수성을 잃어버린다. 인맥은 순수한 목적에서 시작해야 한다. 그저 알고 지내고, 지내다 보니 친해지고, 서로가 좋아서 만나야 한다. 그냥 좋은 것이 가장 좋은 것이다.

뭐든지 과하면 좋지 않다. 인맥도 그렇다. 만나자마자 누군가를 거론하는 사람이 있다. 그 사람과 안다는 사실을 떠벌리고 관계를 과시한다. 난 그런 사람을 믿지 않는다. 오죽 자랑할 게 없으면 그럴까 하는 측은지심이 생긴다. 별 볼 일 없는 사람일수록 동창 관계에는 해박하다. 누가 입각을 했고, 몇 회가 어느 회사 사장이고, 어느 회사는 우리 동창들이 휩쓸고 있고 등등. 그런 사람들은 관중이다. 동창들이 뛰는 운동장을 구경하는 구경꾼인 셈이다. 그런 인맥은 인맥이 아니다. 아는 사람일 뿐이다.

고수는 자기정체성이 분명하다. 자신감이 있다. '독립불구 둔세무민'獨立不懼 遯世無悶의 정신을 갖고 있다. 혼자 있어도 두렵지 않고, 세상과 떨어져 있어도 걱정하지 않는다는 말이다. 관계는 독립적인 사람들끼리 만날 때 빛이 난다. 뭔가 신세를 지려 하기보다는 도와줄 것을 먼저 생각할 때 시너지가 난다. 당신은 어떤 사람인가?

자발적 고독을 즐겨라

약해 보이지만 강한 사람이 있고, 강해 보이지만 약한 사람이 있다. 혼자만의 시간을 잘 보내는 사람이 있고, 혼자만의 시간을 견디지 못하는 사람이 있다. 정치인과 조폭은 떼로 몰려다닌다. 강해 보이지만 의외로 약한 사람들이다. 혼자 지내는 것을 괴로워한다. 조직에서 나오는 순간 무너지는 경우가 많다.

반면 독수리는 떼를 지어 날지 않는다. 고수는 내면이 강하다. 고독은 내면을 강하게 만든다. 내면을 강화하기 위해서는 혼자 있어봐야 한다. 혼자만의 시간을 견딜 수 있어야 한다. 혼자 잘 놀 수 있어야 한다. 혼자 있어야 세상의 진실이 보이고 자신이 어떤 사람인지도 알 수 있다. 생각도 정리하고 글도 쓸 수 있고 뭔가 창조적인 일을 할 수 있다. "나는 혼자 있는 것을 사랑한다. 나는 고독만큼 재미있는 친구를 만난 적이 한 번도 없다." 소로우의 말이다.

고독과 고립은 다르다. 고독은 의도적인 것이고 고립은 의도하지 않은 것이다. 물리적으로 혼자 있어도 다른 사람의 마음속에 살아 있고, 연결되어 있으면 고립된 사람이 아니다. 반대로 북적대는 사람들 속에 있어도 정신적으로 연결고리가 없으면 고립된 사람이다. "일이 잘 안 풀려 궁색할 때는 홀로 자기 몸을 닦는 데 힘쓰고, 일이 잘 풀릴 때는 세상에 나가 좋은 일을 하라."窮卽獨善其身 達卽兼善天下. 궁즉독선기신 달즉겸선천하 맹자의 말이다. 일이 꼬이고 잘 풀리지 않을 때는 죽치고 혼자만의 시간을 가져야 한다. 혼자 산을 타면서 스스로를 들여다보아야 한다. 그러다 보면 해결책이 나온다. 일이 꼬이는 것은 쓸데없이 돌아다니면서 별 도움이 안 되는 사람을 만나 쓸데없는 얘기를 듣기 때문이다.

화가 이왈종은 제주도에서 작품 활동만 하는 작가다. 그의 생활은 단순함 그 자체다. 잘 나가던 교수 생활을 포기하고 서귀포에 간 지 20년이 넘었다. 저녁 9시에 자고 새벽 3시면 일어난다.

작업하는 오후 5시까지는 외부인을 들이지 않는다. "작가는 외로워야 한다. 그래야 작업이 가능하다. 적적한 상태야말로 몸과 마음이 비워져 있다는 뜻이다. 외롭지 않으면 장돌뱅이다. 틈틈이 비워둔 시간과 여유, 자기만의 세계에 몰입할 수 있는 퀄리티 타임, 그게 필요하다." 그의 주장이다. 그는 고수다.

만화가 이원복의 생활도 단순하다. 그는 스스로를 DKNY라 부른다. 독거노인이란 말이다. 골프장엔 발도 들여 놓지 않는다. 바둑이나 카드, 화투도 전혀 모른다. 얼굴이 알려져 여자가 있는 술집에도 못 간단다. 사회적 네트워크도 일체 끊고 산다. 무슨 모임에, 포럼이다 동창회, 그런 건 나 몰라라 한다. 모두 자신이 하는 일에 몰입하기 위해서다.

《혼자 밥 먹지 마라》는 제목의 책이 있다. 무슨 의미인지는 수긍이 가지만, 나는 동의하지 않는다. 때로는 일부러라도 혼자 밥을 먹어야 한다고 생각한다. 인간은 사람을 통해 에너지를 얻기도 하지만 사람 때문에 힘들어지기도 한다. 나는 직업상 사람들을 많이 만난다. 어떨 때는 정말 혼자만 있고 싶을 때가 있다. 그럴 때는 혼자 밥 먹는 시간이 그렇게 좋을 수 없다. 혼자 있는 시간을 즐겨야 한다. 처음에는 쉽지 않을 수 있다. 하지만 익숙해지면 혼자가 얼마나 편한지 알게 된다. 혼자 있는 시간은 에너지를 얻는 시간이다. 고독은 하늘이 준 선물이다. 고독은 시련이 아닌 혜택이다. 고독은 중요한 문제를 생각하거나 일에 집중하면서 스스로를 발전시키는 데 꼭 필요한 조건이다. 혼자 있는 시간을 통해 우리는 성장한다. 어쩔 수 없이 혼자 있는 게 아니라, 의도적으로 혼자 있는 시간을 확보해야 한다.

"인간 정신의 잣대는 고독을 견디는 힘이다." 키에르케고르의 말이다.

---------- 참고도서 ----------

공병호, 《나는 탁월함에 미쳤다》, 21세기북스, 2011

공병호, 《습관은 배신하지 않는다》, 21세기북스, 2011

로저 마틴, 《디자인씽킹》, 웅진윙스, 2010

리처드 코치·그렉 록우드, 《낯선 사람 효과》, 흐름출판, 2012

마크 피셔, 《게으른 백만장자》, 밀리언하우스, 2007

마크 에플러, 《우리는 반드시 날아오를 것이다》, 김영사, 2005

말콤 글래드웰, 《블링크》, 21세기북스, 2005

박현주, 《돈은 아름다운 꽃이다》, 김영사, 2007

박재희, 《경영전쟁 시대 손자와 만나다》, 크레듀, 2006

밥 보딘, 《WHO 후》, 웅진지식하우스, 2009

백지연, 《크리티컬 매스》, 알마, 2011

샘 고슬링, 《스눕》, 한국경제신문, 2010

서거원, 《따뜻한 독종》, 위즈덤하우스, 2008

송숙희, 《성공하는 사람들의 7가지 관찰습관》, 위즈덤하우스, 2008

오마에 겐이치, 《프로페셔널의 4가지 조건》, 랜덤하우스코리아, 2008

와타나베 준이치, 《둔감력》, 형설라이프, 2007

이지성, 《꿈꾸는 다락방》, 국일미디어, 2007

정수현, 《바둑읽는 CEO》, 21세기북스, 2009

조용헌, 《고수기행》, 랜덤하우스코리아, 2006

조용헌, 《그림과 함께 보는 조용헌의 담화》, 랜덤하우스코리아, 2007

진 랜드럼, 《기업의 천재들》, 말글빛냄, 2006

폴 설리번, 《클러치》, 중앙북스, 2011

프란스 요한슨, 《메디치효과》, 세종서적, 2005

히사이시 조, 《감동을 만들 수 있습니까》, 이레, 2008

경지에 오른 사람들, 그들이 사는 법

일생에 한번은 고수를 만나라

1쇄 발행 2023년 6월 15일
2쇄 발행 2023년 12월 28일

지은이 한근태
펴낸이 성의현
펴낸곳 (주)미래의창

출판 신고 2019년 10월 28일 제2019-000291호
주소 서울시 마포구 잔다리로 62-1 미래의창빌딩(서교동 376-15, 5층)
전화 070-8693-1719 **팩스** 0507-0301-1585
홈페이지 www.miraebook.co.kr
ISBN 979-11-92519-64-7 03320

※ 책값은 뒤표지에 있습니다.

생각이 글이 되고, 글이 책이 되는 놀라운 경험. 미래의창과 함께라면 가능합니다.
책을 통해 여러분의 생각과 아이디어를 더 많은 사람들과 공유하시기 바랍니다.
투고메일 togo@miraebook.co.kr (홈페이지와 블로그에서 양식을 다운로드하세요)
제휴 및 기타 문의 ask@miraebook.co.kr